実用ビジネス中国語会話

ビジネスシーンを中国語にしてみました

CD付

大阪市立大学名誉教授
大内田 三郎 著

駿河台出版社

付属のCDには本文の会話及び実践練習１を収録しております。
カバーデザイン　小熊未央

まえがき

　中国は、90年代に入り、わずか10年余りで急速な経済発展を遂げ、「世界の工場」「世界の市場」として世界から注目されるようになり、21世紀の世界経済は中国を抜きにしては語れません。

　中国は、日本企業にとっても経済的にきわめて重要な存在となっています。2004年に日本は中国との貿易額が対米貿易額を上回り、中国は日本にとって第一の貿易相手国となりました。今後、日中間の経済、貿易面での結びつきはさらに緊密になることが予想されます。特に近年、日本企業の中国進出は著しく、中国に進出している日本企業は1万7千社に達すると言われています。

　このような本格的な日中の経済交流の中で、中国語によるコミュニケーション能力は、現役のビジネスマンはもとより、将来、日中の経済交流を志している人にとっても必要不可欠です。

　以上のようなことから、本書は中検3級レベルの人のための基礎ビジネス中国語教材として、実際のビジネス場面を想定し、中国語の基礎表現力と応用力を向上させることに重点を置いて編集してあります。

　本書の構成は、第1課から第5課までがビジネスに必要な基礎的な中国語——例えば空港での入国手続きや出迎え、ホテルの宿泊手続きや外貨の両替、スケジュールの調整や電話連絡、宴席でのやりとり、工場見学や商談などに必要な中国語表現を取り上げてあります。また、第6課から第20課までが、引き合い、オファー、契約、支払い、船積み、クレーム、投資、合併企業など貿易実務に必要な中国語表現を取り上げています。

　本文以外に実践練習として本文に関連する表現を日本語訳と中国語訳の二つに分けて出題してありますので、本文を含めて完全にマスターできるように繰り返し学習してください。

　本書が、読者の皆さんの実力向上の一助になることを心から願っています。

　最後に、本書が刊行されるまで、社長の井田洋二氏にいろいろ貴重な意見を頂き、また編集の浅見忠仁氏には校正の段階で多大な協力を頂いた。両氏に心からの謝意を表します。

2005年1月

著　者

ビジネスの基礎知識

１．貿易

　貿易取引と国内取引は売買契約という意味では基本的には変わりませんが、国境を越える取引である貿易では国によって取引慣行、法律、通貨、貿易管理制度などに違いがあるため、国内取引よりも複雑となりがちです。

　海外であれ、国内であれ、売主が商品をオファーし、買い主がそれを承諾すれば通常、売買契約は成立します。その後、売主はその商品を買い主に引渡し、その代金決済を受けます。こうしたモノとカネの流れが基本となることからも、基本的には貿易と国内取引は同じようなものと言えます。

　貿易では契約当事者である売り主、買い主（輸出業者、輸入業者）のほかに、モノの流れについては海運貨物取り扱い業者、税関、船会社、航空会社、カネの流れについては為替銀行、そのリスク軽減のために保険会社などがかかわってきます。

　買い手の引き合いが省略され、売り手の積極的なオファーから交渉が開始されることもあり、オファー→反対オファー→承諾のプロセスを踏まずにファーム・オファー（確定売り申し込み）から買い主の承諾により貿易売買契約が成立する場合があります。また、オファーと反対オファーが売り手と買い手との間で何度も繰り返されても、契約に至らないこともありますし、また、順調に取引が成立する場合もあります。商品や相手企業との関係、そして相手国の環境などにより、さまざまな交渉パターンがあります。

２．貿易のコミュニケーション

　貿易のコミュニケーションとは、貿易取引の売り手・買い手が相互に理解し合い、取引が円滑に行われるようにするために、「言語的、非言語的な媒体によって当事者の感情・考え方およびフィードバックとそのプロセスを伝達する」と定義されます。

　取引の当事者はレター、国際電報、テレックス、ファックス、電話、テレビ、パソコン、面談等を利用してコミュニケーションをはかります。従来はレター

や電報が主でしたが、現在ではファックス、電話、面談等へと移行しています。今日、インターネットを利用して、Ｅメールで取引するケースも少なくありません。

コミュニケーションは、書き言葉よりも、例えば、商談において、商品の値段が高いと感じたら、言葉で表現すると同時に両手を広げて、首をすくめておおげさな表情をするほうが効果的に伝達できます。

しかし、どの手段が使われるかはコストと大きく関係しています。また、書き言葉は、特に貿易売買契約において後の証拠となる意味では、話し言葉よりも優れています。外国郵便の伸び率は大きくはないものの、国際ビジネス郵便、電子郵便の迅速性が高まるにつれて利用者が増えています。

今後おそらく、国際テレビ会議やテレビ電話などがいっそう増えると思われますが、ファックスでのやりとりやＥメールもますます盛んになるでしょう。要は、相互作用効果がより高いコミュニケーション手段が重視される傾向にあるといえます。

3．輸出の仕組み

一般に輸出の実務は、輸出契約の成立後、輸入者が信用状を開設し、輸出者は物品調達の手配を行い、税関に輸出申告し許可を受け、貨物を船積みし、船会社から船荷証券を取得し、船積み書類をそろえて銀行買い取りを依頼し、代金決済により完了します。

輸出は、(1) 輸出マーケティング活動、(2) 取引交渉、(3) 契約の成立、(4) 輸出者の船積みの準備、(5) 輸出申告・許可、(6) 貨物の船積み、(7) 銀行買い取り、(8) 船積み通知といった手順に従って行われるのが一般的です。

(1)～(3) は情報を軸とした輸出品を売り込む手立てであり、貿易実務の (4)～(6) はモノの流れ、(7) はカネの流れ、(8) は輸出者の事後報告です。

通常、輸出のほうが輸入よりもその手続きが煩雑であり、(4) の部分において、信用状の点検、物品手配、為替の予約、政府の許可・承認、輸送スペース（船腹）の予約、保険などの準備があります。輸出品、契約条件などによって実務は多少異なり、Ｌ／Ｃ決済・政府の承認などがない場合も想定されますが、少なくとも物品手配・為替・輸送スペースは基本事務です。

(5)の前に行う実務としては、貨物の包装、重量などの検査があり、検査以外は、主に海運貨物取り扱い業者に一任します。

　(7)の実務ポイントは、銀行買い取り書類の作成上、L／C条件に完全に合致させることです。

4．輸入の仕組み

　理論的には、輸入は輸出の逆になります。いかにして輸出者への支払いと国内の顧客からの代金回収の時間的なずれを埋めるかのファイナンスが焦点となり、輸出と比べると実務上の煩雑性が少ないといえます。

　輸入の手続きは、(1)輸入マーケティング活動、(2)輸入取引交渉、(3)輸入契約の成立、(4)契約成立後の輸入者の実務、(5)船積み案内・書類整備、(6)貨物の船卸し、(7)輸入申告、(8)輸入許可・貨物の取引きの順に行います。(1)～(3)は情報を軸にした契約成立に向けての交渉、(4)～(8)は主にモノの流れですが、カネの流れは決済方法によってその順序が異なります。

　L／Cの決済の場合、輸入者はL／C発行依頼をする必要があり、その他、輸入承認、国内顧客の注文・需要の確認などが必要になります。D／A（沖荷卸し）取引では、貨物引き取り後、決済となります。L／C開設後、輸入者は輸出者から銀行経由で送付されてくる船積み書類を持ち、貨物の輸入通関の準備をします。

　貨物が到着すれば、輸入者は海運貨物取り扱い業者に船積み書類を託し輸入申告を行いますが、書類などが未着の場合、L／G（信用状）を船会社に渡します。船卸しされた貨物は、一般に保税地域に搬入され、税関での審査が問題なく完了すれば、有税品については輸入税を納付し輸入許可を受け、貨物を引き取ります。こうした手続きを経て、商品を国内市場で販売します。従って、輸入の場合は国内の金融、物流・流通チャンネルなどに十分に配慮する必要があります。

目　次

まえがき ……………………………………………………………… 3
ビジネスの基礎知識 ………………………………………………… 4

基 礎 編

第1课　**在机场**（空港にて）……………………………………… 10
　　　（一）入境手续（入国手続き）……………………………… 10
　　　（二）机场迎接（空港での出迎え）………………………… 12

第2课　**在饭店**（ホテルにて）…………………………………… 19
　　　（一）住宿登记（チェックイン）…………………………… 19
　　　（二）兑换外币（外貨両替）………………………………… 21

第3课　**在办公室**（オフィスにて）……………………………… 27
　　　（一）日程安排（スケジュールの調整）…………………… 27
　　　（二）电话联络（電話連絡）………………………………… 29

第4课　**在招待会上**（レセプションの席上にて）……………… 36
　　　（一）双方致辞（双方の挨拶）……………………………… 36
　　　（二）席间敬酒（宴会場で酒を勧める）…………………… 38

第5课　**在羊毛衫厂**（セーター工場にて）……………………… 46
　　　（一）参观车间（工場見学）………………………………… 46
　　　（二）洽谈业务（ビジネス商談）…………………………… 49

実践編

第6课	询价 （引き合い）	60
第7课	报价 （オファー）	69
第8课	订合同 （契約を結ぶ）	79
第9课	包装 （包装）	87
第10课	付款 （支払い）	97
第11课	装船 （船積み）	105
第12课	保险 （保険）	113
第13课	商检 （商品検査）	123
第14课	索赔 （クレーム）	133
第15课	仲裁 （仲裁）	143
第16课	代理 （代理）	151
第17课	招标 （入札）	161
第18课	委托加工 （委託加工）	169
第19课	投资 （投資）	180
第20课	合资企业 （合併企業）	191

実践練習回答例 …………………………………… 201

索引 …………………………………… 232

基礎編

第 1 课

在机场（空港にて）

CD1 （一）入境手续（入国手続き）

中：请　您　出示　一下　护照，好　吗？
　　Qǐng　nín　chūshì　yíxià　hùzhào, hǎo　ma?

日：好　的。
　　Hǎo　de.

中：您　带　违禁品　了　吗？
　　Nín　dài　wéijìnpǐn　le　ma?

日：我　没　带　任何　违禁品。
　　Wǒ　méi　dài　rènhé　wéijìnpǐn.

中：您　有　什么　要　申报　的　物品　吗？
　　Nín　yǒu　shénme　yào　shēnbào　de　wùpǐn　ma?

日：有，这　是　申报单　和　实物。
　　Yǒu, zhè　shì　shēnbàodān　hé　shíwù.

中：三　条　香烟、一　台　电脑，还　有　一　架　照相机。
　　Sān　tiáo　xiāngyān、yì　tái　diànnǎo, hái　yǒu　yí　jià　zhàoxiàngjī.

　　您　超　带了　一　条　香烟，请　补税。
　　Nín　chāo　dàile　yì　tiáo　xiāngyān, qǐng　bǔshuì.

日：好。那么　电脑　和　照相机　呢？
　　Hǎo. Nàme　diànnǎo　hé　zhàoxiàngjī　ne?

中：是　自用　的　吧？
　　Shì　zìyòng　de　ba?

日：对。
　　Duì.

中：那　请　您　在　回国　的　时候，再　带　回去。
　　Nà　qǐng　nín　zài　huíguó　de　shíhou, zài　dài　huiqu.

日：好，明白了。谢谢，再见！
　　Hǎo, míngbai le. Xièxie, zàijiàn!

中：再见！
　　Zàijiàn!

訳文

中：パスポートを見せてください。

日：はい。

中：禁制品はありますか。

日：禁制品は何もありません。

中：何か申告する品物はありますか。

日：あります。これは申告書と実物です。

中：たばこ３カートン、パソコン１台、他にカメラが１台あります。たばこ１カートン越えたものは税がかかります。

日：はい。それではパソコンとカメラは。

中：自分で使うのでしょう。

日：はい。

中：それでは帰国のときには、持って帰ってください。

日：はい、分かりました。ありがとうございました。さようなら。

中：さようなら。

（二）机场迎接（空港での出迎え）

中：请问, 您 是 日本 ×× 公司 的 山本 先生 吗？
　　Qǐngwèn, nín shì Rìběn ×× gōngsī de shānběn xiānsheng ma?

日：是 啊, 你 是……
　　Shì a, nǐ shì……

中：我 是 ×× 公司 的 吴 小敏。
　　Wǒ shì ×× gōngsī de Wú Xiǎomín.

日：你 好, 吴 小姐, 认识 你, 我 很 高兴。
　　Nǐ hǎo, Wú xiǎojiě, rènshi nǐ, wǒ hěn gāoxìng.

中：认识 您, 我 也 很 高兴。路上 辛苦 了 吧？
　　Rènshi nín, wǒ yě hěn gāoxìng. Lùshang xīnkǔ le ba?

日：不 辛苦。
　　Bù xīnkǔ.

中：您 的 行李 都 齐了 吗？
　　Nín de xíngli dōu qíle ma?

日：都 在 这儿 了。
　　Dōu zài zhèr le.

中：那 我们 走 吧, 车 在 外边 等着 呢。
　　Nà wǒmen zǒu ba, chē zài wàibian děngzhe ne.

日：好, 走 吧。
　　Hǎo, zǒu ba.

訳文

中：お尋ねします。日本の○○会社の山本さんですか。
日：はい、あなたは……
中：私は○○会社の呉小敏です。
日：呉さん、こんにちは、あなたに会えて本当に嬉しいです。
中：私もとても嬉しいです。道中お疲れになったでしょう。
日：いいえ、疲れませんでした。
中：お荷物は全部そろいましたか。
日：全部ここにあります。
中：それでは、行きましょう。車が外に待っています。
日：はい、まいりましょう。

語釈

出示 chūshì	[動] 見せる	自用 zìyòng	[動] 自分で使う
护照 hùzhào	[名] パスポート	公司 gōngsī	[名] 会社
违禁品 wéijìnpǐn	[名] 禁制品	小姐 xiǎojiě	[名] お嬢さん（未婚女性に対する呼称）
任何 rènhé	[代] いかなる		
申报 shēnbào	[動] 申告する		
申报单 shēnbàodān	[名] 申告書	认识 rènshi	[動] 見知る
		高兴 gāoxìng	[形] うれしい
香烟 xiāngyān	[名] たばこ	路上 lùshang	[名] 道中
电脑 diànnǎo	[名] パソコン	辛苦 xīnkǔ	[形] 苦労である
照相机 zhàoxiàngjī	[名] カメラ	行李 xíngli	[名] 荷物
		齐 qí	[動] そろう
超 chāo	[動] 一定の範囲を超える	外边 wàibian	[名] 外
		等 děng	[動] 待つ
补税 bǔshuì	[動] 税金の不足分を支払う		

> **初対面**

　ビジネスマンのマナーは、ビジネスに携わる人に対する思いやりの気持ちや心遣いを表現するためのものです。ビジネス社会の一員として仕事をしていく上で大切なのは、先ず人間関係をスムーズにすることであり、そのために必要な鍵がマナーです。このお互いに好感を与える言動であるマナーをまず理解することが重要です。

１．名刺の交換

　ビジネスの上で、初対面の人と出会う時、先ず行うことが名刺の交換です。相手に自分の会社名と名前を明らかにして、覚えてもらうために、そして良い印象を与えるための大切な挨拶です。その正しい作法は、目下のものや訪問したほうから、先に名刺を出すのが原則です。上司に同行したときは、上司が出し終わってから出します。渡すときは、相手の顔をよく見てから、相手が文字が読める向きで渡します。渡しながら、会社名と名前をはっきり名乗りお辞儀をします。相手の名刺を受け取るときは、両手で胸の高さで受け取り、相手の名前を確認します。

２．人の紹介

　取引先に上司や部下と同行するときは、上司や部下が、先方にとって初対面の場合は、あなたが中に入って紹介することになります。人に紹介をする場合、基本的には、先ず目下の人を目上の人に紹介します。自社の人は身内ですから、たとえ年齢や地位が先方よりも上であっても目下と考えるので、常に自社の人から先に紹介することになります。

実 践 練 習

CD3 1 次の文を繰り返し音読し、日本語に訳しなさい。

A：衷心欢迎你们的到来。

B：谢谢专程来迎接我们。

A：很高兴我们又能见面。

B：我也很高兴。那么，我来介绍一下，这位是刘陆。

A：初次见面，我叫山本一郎。这位是木下。请多关照。

C：请多关照。

A：李先生，旅途感觉怎么样？

B：天气也很好，很舒服。

A：行李齐了吗？

C：齐了，共有三件。

A：那么，咱们走吧！木下先生，叫车吧。

D：是的，我去叫车，请稍等一下。

C：多谢多谢。

A：旅馆安排在"东京饭店"，希望你们能够喜欢。

B：总是给你们添麻烦，实在对不起。

A：我们走吧。请走这边。

ピンイン

A：Zhōngxīn huānyíng nǐmen de dàolái.
B：Xièxie zhuānchéng lái yíngjiē wǒmen.
A：Hěn gāoxìng wǒmen yòu néng jiànmiàn.
B：Wǒ yě hěn gāoxìng. Nàme, wǒ lái jièshào yíxià, zhè wèi shì Liú Lù.
A：Chūcì jiànmiàn, wǒ jiào Shānběn Yīláng. Zhè wèi shì Mùxià. Qǐng duō guānzhào.
C：Qǐng duō guānzhào.
A：Lǐ xiānsheng, lǚtú gǎnjué zěnmeyàng？
B：Tiānqì yě hěn hǎo, hěn shūfu.
A：Xíngli qíle ma？
C：Qíle, gòng yǒu sān jiàn.
A：Nàme, zánmen zǒu ba! Mùxià xiānsheng, jiào chē ba.
D：Shì de, wǒ qù jiào chē, qǐng shāo děng yíxià.
C：Duōxiè duōxiè.
A：Lǚguǎn ānpái zài "Dōngjīng fàndiàn", xīwàng nǐmen nénggòu xǐhuan.
B：Zǒngshì gěi nǐmen tiān máfan, shízài duìbuqǐ.
A：Wǒmen zǒu ba. Qǐng zǒu zhèbiān.

2 次の文を中国語に訳しなさい。

1. 手続きは全部終わりましたか。

2. 会社から皆様をお迎えに参りました。

3. 中国滞在中、どちらにお泊りですか。

4. 皆様のご来訪をお待ちしていました。

5. 今日ここでお会いできて、大変嬉しいです。

6. これから皆様を車の方へご案内いたします。

7. どんなご用で中国へおいでになったのですか。

8. すみません、日本から来られた山本さんですか。

9. 遠路おいでくださいまして、さぞかしお疲れでしょう。

10. 遠いところわざわざお出迎えいただき、ありがとうございました。

語釈

衷心	zhōngxīn	[形]	心からの
专程	zhuānchéng	[副]	わざわざ
迎接	yíngjiē	[動]	出迎える
见面	jiànmiàn	[動]	会う
初次	chūcì	[名]	初めて
叫	jiào	[動]	(姓名は)〜という (タクシーを)呼ぶ
关照	guānzhào	[動]	世話をする
旅途	lǚtú	[名]	旅の途中
舒服	shūfu	[形]	気持ちがよい
共	gòng	[副]	全部で
稍	shāo	[副]	ちょっと
安排	ānpái	[動]	段取りをする
能够	nénggòu	[能動]	〜できる
总是	zǒngshì	[副]	いつも
添麻烦	tiān máfan	[連]	面倒をかける
实在	shízài	[副]	本当に
对不起	duìbuqǐ	[動]	申し訳ありません

第 2 课

在饭店（ホテルにて）

CD4 （一）住宿登记（チェックイン）

中：欢迎 光临！
　　Huānyíng guānglín!

日：你 好！我 是 日本 ×× 公司 的 山本，我
　　Nǐ hǎo! Wǒ shì Rìběn ×× gōngsī de Shānběn, wǒ
　　预订了 一 套 双人房。
　　yùdìngle yí tào shuāngrénfáng.

中：请 等 一下，我 查查 看。
　　Qǐng děng yíxià, wǒ chácha kàn.

日：好。
　　Hǎo.

中：您 是 山本 一郎 先生 吧？
　　Nín shì Shānběn yìláng xiānsheng ba?

日：对，这 是 我 的 护照。
　　Duì, zhè shì wǒ de hùzhào.

中：好，请 您 填 一下 这 张 登记表。
　　Hǎo, qǐng nín tián yíxià zhè zhāng dēngjìbiǎo.

日：填完 了，这样 可以 吗？
　　Tiánwán le, zhèyàng kěyǐ ma?

中：可以 了。这 是 您 的 护照 和 房间 钥匙。
　　Kěyǐ le. Zhè shì nín de hùzhào hé fángjiān yàoshi.

日：谢谢，再见！
　　Xièxie, zàijiàn!

中：请 走 好，再见！
　　Qǐng zǒu hǎo, zàijiàn!

19

訳文

中：ようこそおいでくださいました。

日：こんにちは、私は日本の〇〇会社の山本です。ツインルームを予約しております。

中：少々お待ちください。お調べいたします。

日：分かりました。

中：山本一郎様でしょうか。

日：はい、そうです。これは私のパスポートです。

中：分かりました。この宿泊登録カードに記入してください。

日：記入しました。これでよろしいでしょうか。

中：結構です。これはあなたのパスポートとお部屋のカギです。

日：ありがとうございました。ではまた。

中：お部屋にどうぞ。ではまた。

CD5（二）兑换外币（外貨両替）

中：您　好！
　　Nín　hǎo！

日：你　好！我　想　换钱。
　　Nǐ　hǎo！Wǒ　xiǎng　huànqián.

中：您　换　多少，是　美元，还是　日币？
　　Nín　huàn　duōshao, shì　měiyuán, háishi　rìbì？

日：我　换　十　万　日币。
　　Wǒ　huàn　shí　wàn　rìbì.

中：好。您　的　房间　号码　是　多少？
　　Hǎo. Nín　de　fángjiān　hàomǎ　shì　duōshao？

日：是　1　6　3　8　号。
　　Shì　yī　liù　sān　bā　hào.

中：按照　今天　的　牌价，十　万　日币　换　××　元，
　　Ànzhào　jīntiān　de　páijià, shí　wàn　rìbì　huàn　××　yuán,

　　请　您　点　一下。
　　qǐng　nín　diǎn　yíxià.

日：没　错。请问，哪里　有　租保险柜？
　　Méi　cuò. Qǐngwèn, nǎli　yǒu　zūbǎoxiǎnguì？

中：在　旁边　的　总服务台。
　　Zài　pángbiān　de　zǒngfúwùtái.

日：麻烦　你　了，再见！
　　Máfan　nǐ　le, zàijiàn！

中：再见！
　　Zàijiàn！

21

> 訳文

中：こんにちは。
日：こんにちは、両替したいのですが。
中：いくら両替しますか。米ドルですか、日本円ですか。
日：日本円で10万お願いします。
中：分かりました。お部屋の番号は。
日：1638号です。
中：本日のレートで〇〇元になります。どうぞ、お確かめください。
日：確かに。お尋ねします。貸金庫はどちらでしょうか。
中：隣のフロントです。
日：お世話様でした。ではまた。
中：ではまた。

> 語釈

光临 guānglín	[動] ご来訪	美元 měiyuán	[名] 米ドル
预订 yùdìng	[動] 予約する	日币 rìbì	[名] 日本円
双人房 shuāngrénfáng	[名] ツインルーム	号码 hàomǎ	[名] 番号
		按照 ànzhào	[動] ～に基づいて
查 chá	[動] 調べる	牌价 páijià	[名] 為替レート
填 tián	[動] 記入する	错 cuò	[形] 悪い
登记表 dēngjìbiǎo	[名] 登録カード	租保险柜 zūbǎoxiǎnguì	[名] 貸金庫
可以 kěyǐ	[形] よい	旁边 pángbiān	[名] そば
房间 fángjiān	[名] 部屋	总服务台 zǒngfúwùtái	[名] フロント
钥匙 yàoshi	[名] 鍵		
换 huàn	[動] 交換する		

> **ホテルの予約**

　中国ではホテルを"宾馆""饭店""酒店"などと呼びます。最も良いホテルは五つ星ホテルで、当然、宿泊料金も高くつきます。中国政府の規定では、三つ星或いは三つ星以上のホテルなら外国人を宿泊させることができるとしています。もし、中国のホテルに宿泊を希望するなら、旅行社に依頼して予約をするのが一番良い方法です。また、中国の多くのホテルにはサービスセンターがありますので、自分で直接、国際電話をするか、或いはインターネットで予約することもできます。

　最近、日中経済の緊密化にともなって、日本の企業が多く中国に進出するようになりました。そのため、日本のビジネスマンが中国に出張し、中国のホテルを利用する機会が増えています。最近の中国のホテルは、サービスがよく行き届いています。客室、飲食のサービスは言うまでもなく、売店、サービスセンター、トレーニングジム、クリーニング、美容マッサージなどの設備が先進国なみに揃っています。宿泊客は貴重品をホテルの貸金庫に預けることもできるし、衣類のクリーニングもしてくれます。チケット取り扱いセンターでは、航空券、乗車券なども予約でき、サービスセンターではファックスも取り扱ってくれます。

　中国のホテルも近代化され、宿泊客のために、サービスを一手に引き受け、至れり尽くせりの接待を心掛けるようになっています。

実 践 練 習

CD6 1 次の文を繰り返し音読し、日本語に訳しなさい。

A：我叫山本一郎，大约两个星期前预订了房间。

B：请稍候，我查查看。……。啊，有了。是两位吗？

A：有两个单人房间吗？

B：单人房间、双人房间都有。

A：那么，还是按照预订的那样，住两个单人房间吧。

B：是，知道了。您打算住几天呢？

A：我们打算住两天。

B：您的房间是三楼20号和21号。劳驾，请将您的住址和姓名填写在这张表上。

A：好。这样可以吗？

B：是，可以，谢谢您。请您拿着房间钥匙吧。

ピンイン

```
A : Wǒ jiào Shānběn Yīláng, dàyuē liǎng ge xīngqī qián yùdìngle fángjiān.
B : Qǐng shāo hòu, wǒ chácha kàn. ……. A, yǒule. Shì liǎng wèi ma？
A : Yǒu liǎng ge dānrén fángjiān ma？
B : Dānrén fángjiān、shuāngrén fángjiān dōu yǒu.
A : Nàme, háishi ànzhào yùdìng de nàyàng, zhù liǎng ge dānrén fángjiān ba.
B : Shì, zhīdao le. Nín dǎsuan zhù jǐ tiān ne？
A : Wǒmen dǎsuan zhù liǎng tiān.
B : Nín de fángjiān shì sān lóu èrshí hào hé èrshíyī hào. Láojià, qǐng jiāng nín de zhùzhǐ hé xìngmíng tiánxiě zài zhè zhāng biǎo shàng.
A : Hǎo. Zhèyàng kěyǐ ma？
B : Shì, kěyǐ, xièxie nín. Qǐng nín názhe fángjiān yàoshi ba.
```

2 次の文を中国語に訳しなさい。

1．どんなお部屋をご希望ですか。

2．安くて清潔なホテルを紹介してください。

3．7時にモーニングコールをお願いします。

4．予約をしていませんが、今晩泊まれますか。

5．両替をしたいのですが、どこでやってくれますか。

6．3泊の予定ですが、都合で4泊するかも知れません。

7．シングルになさいますか、それともツインになさいますか。

_____

8．恐れ入りますが、パスポートを拝見させていただけますか。

_____

9．お客様のお部屋は三階の8号室でございます。これがお部屋のカギです。

_____

10．私は日本の○○会社の山本一郎といいます。部屋を予約したいのですが。

_____

語釈

大约 dàyuē	［副］おおよそ	还是 háishi	［副］やはり（～する方がよい）
稍 shāo	［副］ちょっと		
候 hòu	［動］待つ	打算 dǎsuan	［動］～するつもり
单人房间 dānrénfángjiān		劳驾 láojià	［動］恐れ入ります
	［名］シングルルーム	将 jiāng	［介］～を
双人房间 shuāngrénfángjiān		住址 zhùzhǐ	［名］住所
	［名］ツインルーム	填写 tiánxiě	［動］記入する
		表 biǎo	［名］カード

第 3 课

在办公室（オフィスにて）

CD7 （一）日程安排（スケジュールの調整）

中：您　早，山本　先生。
　　Nín　zǎo, Shānběn xiānsheng.

日：你　早，吴　小姐。
　　Nǐ　zǎo, Wú　xiǎojiě.

中：昨晚，您　休息　得　怎么样？
　　Zuówǎn, nín　xiūxi　de　zěnmeyàng？

日：那　家　饭店　很　安静，所以　睡　得　很　好。
　　Nà　jiā　fàndiàn　hěn　ānjìng, suǒyǐ　shuì　de　hěn　hǎo.

中：那　太　好　了！我们　现在　来　谈　一下　日程　安排
　　Nà　tài　hǎo　le！Wǒmen xiànzài lái　tán　yíxià rìchéng ānpái
　　好　吗？
　　hǎo　ma？

日：好。
　　Hǎo.

中：这　是　您　在　沪　一　周　的　日程表，请　过目。
　　Zhè　shì　nín　zài　Hù　yì　zhōu　de rìchéngbiǎo, qǐng guòmù.

日：这样　安排　很　好，不过，能　不　能　再　增加　一
　　Zhèyàng ānpái　hěn　hǎo, búguò, néng bu néng zài zēngjiā yí
　　项　呢？
　　xiàng ne？

中：当然　可以，您　还　想　去　哪儿？
　　Dāngrán kěyǐ, nín　hái xiǎng qù　nǎr？

日：我　还　想　去　外资委　找　刘　主任。
　　Wǒ　hái xiǎng qù　wàizīwěi zhǎo Liú　zhǔrèn.

27

中：好，我 马上 就 联系。
　　Hǎo, wǒ mǎshàng jiù liánxì.

日：拜托 了。
　　Bàituō le.

中：不 客气。
　　Bú kèqi.

訳文

中：おはようございます。
日：おはようございます。
中：昨晩はお休みになれましたか。
日：あのホテルは大変静かでしたから、よく眠れました。
中：それはよかったですね。今からスケジュールについて、打ち合わせをしてもいいですか。
日：結構です。
中：これは山本さんが上海に滞在する一週間のスケジュールです。目を通してください。
日：この予定は大変いいと思いますが、もう１件付け加えられますか。
中：もちろんです。どちらかへ行きたいのですか。
日：外資部の劉主任を訪問したいのですが。
中：では早速連絡を取りましょう。
日：お願いします。
中：ご遠慮なく。

CD8 （二）电话联络 （電話連絡）

中：喂，请问，山本先生什么时候来上海？
　　Wèi, qǐngwèn, Shānběn xiānsheng shénme shíhou lái Shànghǎi?

日：我就是山本，您是哪位？
　　Wǒ jiù shì Shānběn, nín shì nǎ wèi?

中：我是外资委的刘志公啊，您是什么时候到的？
　　Wǒ shì wàizīwěi de Liú Zhìgōng a, nín shì shénme shíhou dào de?

日：我是昨晚到的。太巧了，我也正让吴小姐给你打电话呢！
　　Wǒ shì zuówǎn dào de. Tài qiǎo le, wǒ yě zhèng ràng Wú xiǎojiě gěi nǐ dǎ diànhuà ne!

中：您找我有什么事儿吗？
　　Nín zhǎo wǒ yǒu shénme shìr ma?

日：我想明后天去拜访您，您方便吗？
　　Wǒ xiǎng mínghòutiān qù bàifǎng nín, nín fāngbiàn ma?

中：没问题，我也正想告诉您一些新政策。
　　Méi wèntí, wǒ yě zhèng xiǎng gàosu nín yìxiē xīn zhèngcè.

日：是吗，那我明天下午就去。
　　Shì ma, nà wǒ míngtiān xiàwǔ jiù qù.

中：行，明天见。
　　Xíng, míngtiān jiàn.

日：再见！
　　Zàijiàn!

> **訳文**

中：もしもし、お聞きしたいのですが、山本さんはいつ上海にこられましたか。
日：私は山本です。どちらさまでしょうか。
中：私は外資部の劉志公です。いついらっしゃいましたか。
日：昨晩です。丁度いいところでした。私も呉さんにあなたへの電話を頼んだばかりです。
中：私に何かご用ですか。
日：明日か明後日あなたをお尋ねしたいのですが、ご都合は如何でしょうか。
中：いいですよ。私も丁度あなたにいくつかの新政策を話したいと思っています。
日：そうですか。それでは、明日午後参ります。
中：分かりました。明日会いましょう。
日：さようなら。

語釈

昨晚 zuówǎn	[名]	昨晚	
休息 xiūxi	[動]	休息する	
怎么样 zěnmeyàng	[代]	どうですか	
饭店 fàndiàn	[名]	ホテル	
安静 ānjìng	[形]	静かである	
所以 suǒyǐ	[接]	だから	
睡 shuì	[動]	眠る	
谈 tán	[動]	話す	
日程 rìchéng	[名]	日程	
安排 ānpái	[動]	割り振る	
沪 Hù	[名]	上海の別称	
周 zhōu	[名]	週	
日程表 rìchéngbiǎo	[名]	スケジュール表	
过目 guòmù	[動]	目を通す	
不过 búguò	[接]	だが、しかし	
外资委 wàizīwěi	[名]	外資部	
马上 mǎshàng	[副]	すぐに	
联系 liánxì	[動]	連絡をとる	
拜托 bàituō	[動]	頼む	
客气 kèqi	[形]	遠慮する	
巧 qiǎo	[形]	都合がよい	
让 ràng	[介]	～させる	
找 zhǎo	[動]	さがす	
事儿 shìr	[名]	用事	
明后天 mínghòutiān	[名]	明日か明後日	
拜访 bàifǎng	[動]	訪問する	
方便 fāngbiàn	[形]	便利である	
告诉 gàosu	[動]	知らせる	

31

電話のマナー

　電話では、実際に相手を目の前にしての会話と違い、言葉だけが頼りです。言葉だけで自分の言いたいことを正確に伝え、相手の言いたいことを間違いなく聞き取らなければなりません。お互いに姿を見ることができていれば、足りない言葉も表情や身振りで補うことができますが、電話ではそうはいかないのです。誤解が生じやすい分、正確な伝達ができるよう正しい電話のかけ方、受け方を覚えなくてはなりません。

　電話対応の三原則は、「丁寧」「正確」「簡潔、迅速」です。また、正しくメモを取り、必ず復唱するように習慣づけ、電話のそばには、常にメモ用紙を準備しましょう。複雑な用件は事前に資料を用意しておきましょう。

１．電話のかけ方

　電話をかけて相手が出たら、会社名と名前を自分から名乗ります。そして先方の会社名を確認し、用事のある人や担当者を呼び出してもらいます。その人が不在の場合は、その用件によって、伝言を頼む、もう一度こちらからかけ直す、折り返しかけてもらうなど、情況によって使い分けます。通常は、戻る時間を聞いてから、改めてかけ直します。

２．電話の受け方

　電話のベルが鳴ったら、三回以内に電話機をとるようにしましょう。しかし、場合によっては手が離せない仕事をしていて、三回以内で出れないこともあります。この場合は、必ず「大変お待たせいたしました」と一言そえる。電話に出て、自分の名前を名乗ると、相手も会社名と名前を名乗りますので丁寧な挨拶をします。相手が名乗らない場合は、こちらから聞いて相手の会社名と名前を確認しましょう。

　電話を取り次ぐ場合、指名された人が取り込み中ですぐに電話に出られない場合もあります。その場合、相手に待たせる時間の限度は、約30秒といわれています。もし待たせる時間が長くなりそうなときは、こちらからかけ直すといって、相手の名前、所属や連絡先を聞きます。

実 践 練 習

CD9　1　次の文を繰り返し音読し、日本語に訳しなさい。

A：您好，这里是营业部。

B：对不起，我是××公司的山本。

A：经常承蒙您的照顾。

B：我想找李经理。

A：很抱歉，李经理现在不在办公室。

B：噢。嗯，什么时候回来？

A：大约过一个小时就回来了，有急事吗？

B：嗯，有一点儿。

A：那等他一回来马上给您去电话，为了慎重起见，能告诉我您的电话号码吗？

B：哟，现在我在外面打呢，请只告诉他我来过电话吧。

A：遵命。好，再见。

ピンイン

A：Nín hǎo, zhèli shì yíngyèbù.
B：Duìbuqǐ, wǒ shì XX gōngsī de Shānběn.
A：Jīngcháng chéngméng nín de zhàogù.
B：Wǒ xiǎng zhǎo Lǐ jīnglǐ.
A：Hěn bàoqiàn, Lǐ jīnglǐ xiànzài bú zài bàngōngshì.
B：Ou. Ng, shénme shíhou huílai？
A：Dàyuē guò yí ge xiǎoshí jiù huílai le, yǒu jíshì ma？
B：Ng, yǒu yìdiǎnr.
A：Nà děng tā yì huílai mǎshàng gěi nín qù diànhuà, wèile shènzhòng qǐjiàn, néng gàosu wǒ nín de diànhuà hàomǎ ma？
B：Yo, xiànzài wǒ zài wàimiàn dǎ ne, qǐng zhǐ gàosu tā wǒ láiguo diànhuà ba.
A：Zūnmìng. Hǎo, zàijiàn.

2 次の文を中国語に訳しなさい。

1．明日1時半に伺うとお伝え下さい。

2．今ちょっと席をはずしておりますが。

3．4時ごろ帰る予定になっております。

4．恐れ入りますが、担当の者に代わります。

5．申し訳ありません、いま電話中なんですが。

6．こちらから折り返しお電話いたしましょうか。

7．突然お電話いたしまして、申し訳ありません。

8．李部長に代わりますので、しばらくお待ち下さい。

9．10日の約束の時間を2時から4時に変更したいのですが。

10．直接にお目にかかってお話させていただければと思います。

語釈

营业部 yíngyèbù	[名]	営業部
经常 jīngcháng	[副]	いつも
承蒙 chéngméng	[動]	受ける
照顾 zhàogù	[動]	世話をする
经理 jīnglǐ	[名]	担当責任者、部長
抱歉 bàoqiàn	[動]	すまないと思う
办公室 bàngōngshì	[名]	事務室
急事 jíshì	[名]	急用
等 děng	[動]	待つ
为了……（起见）wèile……(qǐjiàn)	[介]	～のために
慎重 shènzhòng	[形]	慎重である
外面 wàimiàn	[名]	外
遵命 zūnmìng	[動]	指示に従う

第 4 课

在招待会上（レセプションの席上にて）

CD10 （一）双方致辞（双方の挨拶）

中：李　市长，这　位　就　是　山本　先生。
　　Lǐ　shìzhǎng, zhè　wèi　jiù　shì　Shānběn xiānsheng.

中：您　好，山本　先生！
　　Nín　hǎo, Shānběn xiānsheng !

日：您　好，李　市长，欢迎　欢迎，请　坐！
　　Nín　hǎo, Lǐ　shìzhǎng, huānyíng huānyíng, qǐng zuò !

中：在　宴会　正式　开始　之前　我们　先　请　日方　的
　　Zài yànhuì zhèngshì kāishǐ zhīqián wǒmen xiān qǐng Rìfāng de

　　山本　先生、中方　的　李　市长　分别　给　我们
　　Shānběn xiānsheng, Zhōngfāng de Lǐ shìzhǎng fēnbié gěi wǒmen

　　讲话。
　　jiǎnghuà.

日：首先，我　代表　日方　的　××　公司　对　李　市长
　　Shǒuxiān, wǒ dàibiǎo Rìfāng de ×× gōngsī duì Lǐ shìzhǎng

　　和　诸位　的　赏光　表示　衷心　的　感谢！我　希望
　　hé zhūwèi de shǎngguāng biǎoshì zhōngxīn de gǎnxiè! Wǒ xīwàng

　　今后　能　得到　大家　更　多　的　帮助　和　支持，
　　jīnhòu néng dédào dàjiā gèng duō de bāngzhù hé zhīchí,

　　使　我们　之间　的　合作　能　顺利　的　发展。谢谢！
　　shǐ wǒmen zhījiān de hézuò néng shùnlì de fāzhǎn. Xièxie !

中：首先，我　代表　中方　感谢　山本　先生　的　盛情
　　Shǒuxiān, wǒ dàibiǎo Zhōngfāng gǎnxiè Shānběn xiānsheng de shèngqíng

　　款待。其次，我　预祝　××　公司　在　中国　的　事业
　　kuǎndài. Qícì, wǒ yùzhù ×× gōngsī zài Zhōngguó de shìyè

早日　成功！
　　　zǎorì　chénggōng！

日：为　我们　今后　愉快　的　合作　干杯！
　　Wèi　wǒmen　jīnhòu　yúkuài　de　hézuò　gānbēi！

中：干杯！
　　Gānbēi！

訳文

中：李市長、こちらが山本さんです。

中：山本さん、こんにちは。

日：李市長さん、こんにちは。よくいらっしゃいました。どうぞ。

中：それでは、宴会が始まる前に、先ず、日本側から山本さんと中国側から李市長にご挨拶を頂きます。

日：では先ず、私が日本の〇〇会社を代表して、市長さんを始めご列席の皆様に対して、心からのお礼と歓迎の言葉を申し上げます。私はこれから皆様方から更に多くのご協力とご支援を頂いて、私たちの提携がより順調に発展することを希望しております。ありがとうございました。

中：まず、私は中国側を代表して、山本さんの手厚いおもてなしに感謝いたします。次に私は〇〇会社の中国での事業が早々に成功されるように祈ります。

日：我々のこれからの良好な提携の為に乾杯！

中：乾杯！

CD11 （二）席间敬酒 （宴会場で酒を勧める）

日：李　市长，您　喜欢　喝　什么　酒？
　　Lǐ shìzhǎng, nín xǐhuan hē shénme jiǔ?

中：我　不　太　会　喝，来　点　绍兴酒　吧！
　　Wǒ bú tài huì hē, lái diǎn shàoxīngjiǔ ba!

日：好，为　李　市长　的　健康　干杯！
　　Hǎo, wèi Lǐ shìzhǎng de jiànkāng gānbēi!

中：也　为　大家　的　健康　干杯！
　　Yě wèi dàjiā de jiànkāng gānbēi!

日：李　市长　是　几　年　前　去　日本　的？
　　Lǐ shìzhǎng shì jǐ nián qián qù Rìběn de?

中：我　是　三　年　前　的　秋天，和　外贸局　的　代表团
　　Wǒ shì sān nián qián de qiūtiān, hé wàimàojú de dàibiǎotuán
　　一起　去　的。
　　yìqǐ qù de.

日：是　吗，不过，日本　的　春天　樱花　盛开　比　秋天
　　Shì ma, búguò, Rìběn de chūntiān yīnghuā shèngkāi bǐ qiūtiān
　　漂亮　多　了。
　　piàoliang duō le.

中：真的　吗？那　以后　有　机会　一定　在　春天　去。
　　Zhēnde ma? Nà yǐhòu yǒu jīhuì yídìng zài chūntiān qù.

日：您　看　明年　的　四月　怎么样　啊？我　邀请　您　和
　　Nín kàn míngnián de sìyuè zěnmeyàng a? Wǒ yāoqǐng nín hé
　　夫人　一起　到　日本　访问。
　　fūren yìqǐ dào Rìběn fǎngwèn.

中：不敢当，您　太　客气　了。
　　Bùgǎndāng, nín tài kèqi le.

日：好，一言为定！　欢迎　您　来　日本　指导。干杯！
　　Hǎo, yìyánwéidìng! Huānyíng nín lái Rìběn zhǐdǎo. Gānbēi!

中：干杯！
　　Gānbēi！

訳文

日：李市長はお酒は何がお好きですか。

中：私はあまり飲めません。紹興酒を少々頂きます。

日：どうぞ。では、李市長さんの健康の為に乾杯！

中：皆様の為に乾杯！

日：李市長は日本に行かれたのは何年前でしたか。

中：私は三年前の秋、外貿局の代表団と一緒に行きました。

日：そうですか。日本の春は桜が満開で、秋よりずっと綺麗ですよ。

中：本当ですか。それではこれから機会がありましたら、必ず春に行きます。

日：来年の四月は如何でしょうか。私は李市長と奥様を一緒に日本にお招きいたします。

中：大変ご丁重に、恐れ入ります。

日：よかった、これで決まりです。日本に来て、ご指導くださるのを歓迎いたします。乾杯！

中：乾杯！

語釈

日方	Rìfāng	[名]	日本側
中方	Zhōngfāng	[名]	中国側
分别	fēnbié	[副]	それぞれ
讲话	jiǎnghuà	[動]	話をする
首先	shǒuxiān	[副]	先ず
诸位	zhūwèi	[名]	各位
赏光	shǎngguāng	[動]	おいでいただく
表示	biǎoshì	[動]	表す
衷心	zhōngxīn	[形]	心からの
得到	dédào	[動]	手に入れる
帮助	bāngzhù	[動]	助ける
使	shǐ	[介]	～させる
合作	hézuò	[動]	一緒に仕事をする
顺利	shùnlì	[形]	順調である
盛情	shèngqíng	[名]	厚情
款待	kuǎndài	[動]	丁寧にもてなす
其次	qícì	[代]	その次
预祝	yùzhù	[動]	～となるように祈る
早日	zǎorì	[副]	一日も早く
为	wèi	[介]	～のために
今后	jīnhòu	[名]	今後
愉快	yúkuài	[形]	心楽しい
干杯	gānbēi	[動]	乾杯
喜欢	xǐhuan	[動]	好きである
喝	hē	[動]	飲む
会	huì	[能動]	できる
绍兴酒	shàoxīngjiǔ	[名]	紹興酒
外贸局	wàimàojú	[名]	外貿局
一起	yìqǐ	[副]	一緒に
盛开	shèngkāi	[動]	満開になる
漂亮	piàoliang	[形]	美しい
机会	jīhuì	[名]	チャンス
一定	yídìng	[副]	きっと
春天	chūntiān	[名]	春
邀请	yāoqǐng	[動]	招待する
不敢当	bùgǎndāng	[連]	恐れ入ります
一言为定	yìyánwéidìng	[連]	約束したことは必ず守る
指导	zhǐdǎo	[動]	指導する

> **招宴の席次**

　どんな場合でも、席次は招待する側が下座、招待させる側が上座に座ります。スムーズにこの席次になるように、招待する側が先に到着しておいて、下座に着席しておけば、相手が遠慮して上座を譲り合うこともなく、着席することができるでしょう。

　参考までに、中国料理店は、北の方向のある奥の席が上座ですが、部屋によっては、入り口から一番遠い席が上座、その右側が次席、左側が三席になります。

　招宴となれば、ビジネス上の目的があることは先方の承知の上ですし、それに対してメリットを感じ、前向きの気持ちがあるからこそ招待に応じるのです。ケースにもよりますが、「〇〇の件でご相談がございます」と伝えておくと、相手も心の準備ができます。招宴は一方通行ではなく、こちらのビジネス上の必要から招待することが多いですが、相手にそれに応じる気持ちがあって始めて成立するものです。

実 践 練 習

CD12 1 次の文を繰り返し音読し、日本語に訳しなさい。

　A：各位,不顾疲劳专程光临,不胜感谢。"有朋自远方来,不亦乐乎"。今天的酒宴不讲客套,请尽情畅饮吧,中国有句俗语说"久逢知己千杯少"。为各位朋友的访日而干杯,干杯！

　全体：干杯！

　B：承蒙招待,实在感谢。

　A：王小姐,日本菜是否合你的口味？

　C：我非常喜欢清淡的日本菜。

　A：是吗,你最喜欢吃什么菜？

　C：我喜欢吃生鱼片,但干青鱼子吃不惯。

　A：李先生、刘先生请再多用点儿。

　D：吃好了,非常好吃。

B：今晚为我们举行如此盛大的欢迎宴会，不胜感谢。最后，为中日两国经济和贸易的发展，为中日两国人民的友谊，为以山本社长为首的各位先生的健康干杯，干杯！

全体：干杯！

A：今天能同各位一起愉快地欢度，实在感谢。

ピンイン

A：Gè wèi, búgù píláo zhuānchéng guānglín, búshèng gǎnxiè. "Yǒu péng zì yuǎnfāng lái, búyìlèhū". Jīntiān de jiǔyàn bù jiǎng kètào, qǐng jìnqíng chàngyǐn ba, Zhōngguó yǒu jù súyǔ shuō "Jiǔ féng zhījǐ qiān bēi shǎo". Wèi gè wèi péngyou de fǎngRì ér gānbēi gānbēi!

全体：Gānbēi!

B：Chéngméng zhāodài, shízài gǎnxiè.

A：Wáng xiǎojiě, Rìběncài shìfǒu hé nǐ de kǒuwèi?

C：Wǒ fēicháng xǐhuan qīngdàn de Rìběncài.

A：Shì ma, nǐ zuì xǐhuan chī shénme cài?

C：Wǒ xǐhuan chī shēngyúpiàn, dàn gānqīngyúzǐ chībuguàn.

A：Lǐ xiānsheng, Liú xiānsheng qǐng zài duō yòng diǎnr.

D：Chīhǎo le, fēicháng hǎochī.

B：Jīnwǎn wèi wǒmen jǔxíng rúcǐ shèngdà de huānyíng yànhuì, búshèng gǎnxiè. Zuìhòu, wèi Zhōng-Rì liǎng guó jīngjì hé màoyì de fāzhǎn, wèi Zhōng-Rì liǎng guó rénmín de yǒuyì, wèi yǐ Shānběn shèzhǎng wéishǒu de gè wèi xiānsheng de jiànkāng gānbēi, gānbēi!

全体：Gānbēi!

A：Jīntiān néng tóng gè wèi yìqǐ yúkuài de huāndù, shízài gǎnxiè.

2 次の文を中国語に訳しなさい。

1．皆さんの訪問を歓迎し、乾杯しましょう。

2．どうぞ、ご遠慮なくお召し上がりください。

3．時間の許す限り、心ゆくまでご歓談ください。

4．日本の料理はいかがですか。お口に合いますか。

5．日本料理はおいしくて、見た目にも美しい。

6．これは家内の自慢料理です。どんどん食べてください。

7．今日はこれで失礼します。すっかりご馳走になりました。

8．日本の友人の皆様の上海訪問を心から歓迎いたします。

9．皆様も一日も早くこちらの生活に慣れていただきたいと思います。

10．何かご意見、ご要望がありましたら、できるだけ早く言ってください。

語釈

不顾 búgù	[動] 顧みない	口味 kǒuwèi	[名]（味に対する）好み
疲劳 píláo	[形] 疲労している	清淡 qīngdàn	[形] さっぱりしている
专程 zhuānchéng	[副] わざわざ	生鱼片 shēngyúpiàn	[名] 刺身
不胜感谢 búshèng gǎnxiè	[連] 感謝に堪えない	干青鱼子 gānqīngyúzǐ	[名] 数の子
讲 jiǎng	[動] 重んじる	用 yòng	[動] 召し上がる
客套 kètào	[名] 決まりきった挨拶	好吃 hǎochī	[形] おいしい
尽情 jìnqíng	[副] 思う存分	举行 jǔxíng	[動] 行う
畅饮 chàngyǐn	[動] 存分に飲む	如此 rúcǐ	[代] このようである
俗语 súyǔ	[名] ことわざ	友谊 yǒuyì	[名] 友情
招待 zhāodài	[動] もてなす	为首 wéishǒu	[動] リーダーとなる
是否 shìfǒu	[副] 〜であるかどうか	欢度 huāndù	[動] 楽しく過ごす

第 5 课

在羊毛衫厂（セーター工場にて）

CD13 （一）参观车间（工場見学）

中：这 就 是 上海 羊毛 衫 厂。你 好，周 厂长，
Zhè jiù shì Shànghǎi yángmáo shān chǎng. Nǐ hǎo, Zhōu chǎngzhǎng,

这 位 就 是 山本 先生。
zhè wèi jiù shì Shānběn xiānsheng.

日：您 好，我 叫 山本 一郎。
Nín hǎo, wǒ jiào Shānběn Yīláng.

中：欢迎 欢迎，请 进。
Huānyíng huānyíng, qǐng jìn.

日：谢谢。周 厂长，这 家 厂 有 几 个 车间？
Xièxie. Zhōu chǎngzhǎng, zhè jiā chǎng yǒu jǐ ge chējiān?

中：我们 厂 一共 有 三 个 车间，其中 一 个 是
Wǒmen chǎng yígòng yǒu sān ge chējiān, qízhōng yí ge shì

专门 加工 出口 产品 的 车间，我们 现在 就 去
zhuānmén jiāgōng chūkǒu chǎnpǐn de chējiān, wǒmen xiànzài jiù qù

参观 一下 吧！
cānguān yíxià ba!

日：这个 车间 一共 有 多少 工人 和 技术 人员？
Zhège chējiān yígòng yǒu duōshao gōngrén hé jìshù rényuán?

中：一共 有 五十 个 工人 和 十 个 技术 人员。
Yígòng yǒu wǔshí ge gōngrén hé shí ge jìshù rényuán.

日：这里 的 机器 设备 都 是 国产 的 吗？
Zhèli de jīqì shèbèi dōu shì guóchǎn de ma?

中：不，这里 的 机器 设备 多半 是 进口 的。这
Bù, zhèli de jīqì shèbèi duōbàn shì jìnkǒu de. Zhè

几 台 是 从 德国 进口 的，那 几 台 是 从
jǐ tái shì cóng Déguó jìnkǒu de, nà jǐ tái shì cóng

日本 进口 的。
Rìběn jìnkǒu de.

日：现在 生产 的 产品 是 来料 加工，还是 来样
Xiànzài shēngchǎn de chǎnpǐn shì láiliào jiāgōng, háishi láiyàng

加工？
jiāgōng?

中：这些 是 来样 加工。不过，我们 也 接受 来料
Zhèxiē shì láiyàng jiāgōng. Búguò, wǒmen yě jiēshòu láiliào

加工。
jiāgōng.

> **訳文**

中：これは上海セーター工場です。こんにちは、周工場長、こちらは山本さんです。
日：こんにちは、私は山本一郎と申します。
中：ようこそ、どうぞお入りください。
日：ありがとうございます。周工場長、この工場には作業場がいくつありますか。
中：私共の工場には全部で作業場が三つあります。そのうちの一つは輸出専門の加工作業場です。これから見学に行きましょう。
日：この作業場は全部で何人の作業員と技術員がいますか。
中：全部で50人の作業員と10人の技術員がいます。
日：ここの機械設備は全部国産品ですか。
中：いいえ、機械の大半は輸入されたものです。この数台はドイツより輸入されたもの、あの数台は日本より輸入されたものです。
日：現在生産中のこれらの製品は委託加工ですか、それとも提供見本加工ですか。
中：これらは提供見本加工です。しかし、我々は委託加工も引き受けています。

CD14（二）洽谈业务（ビジネス商談）

中：山本　先生，看了　加工　车间，请　您　提提　意见。
　　Shānběn xiānsheng, kànle jiāgōng chējiān, qǐng nín títí yìjian.

日：总的　来　说，我　对　这个　车间　的　加工　技术　和
　　Zǒngde lái shuō, wǒ duì zhège chējiān de jiāgōng jìshù hé

　　设备　还是　比较　满意　的，不过，产品　的　质量　和
　　shèbèi háishi bǐjiào mǎnyì de, búguò, chǎnpǐn de zhìliàng hé

　　效果　怎么样　呢？
　　xiàoguǒ zěnmeyàng ne?

中：请　您　参观　一下　这个　样品室　吧，这里　展示　的
　　Qǐng nín cānguān yíxià zhège yàngpǐnshì ba, zhèli zhǎnshì de

　　是　历年　加工　的　产品。
　　shì lìnián jiāgōng de chǎnpǐn.

日：这　几　件　女式　毛衣　不仅　质量　好，而且　式样
　　Zhè jǐ jiàn nǚshì máoyī bùjǐn zhìliàng hǎo, érqiě shìyàng

　　也　很　新颖，加工　价格　一定　不　便宜　吧？
　　yě hěn xīnyǐng, jiāgōng jiàgé yídìng bù piányi ba?

中：不　贵　啊。我们　的　加工　价格　都　是　非常
　　Bú guì a. Wǒmen de jiāgōng jiàgé dōu shì fēicháng

　　公道　的，这　几　件　是　来样　加工，每　件　八
　　gōngdào de, zhè jǐ jiàn shì láiyàng jiāgōng, měi jiàn bā

　　美元。
　　měiyuán.

日：是　吗，其实，今天　我　也　带来了　两　件　秋季
　　Shì ma, qíshí, jīntiān wǒ yě dàilaile liǎng jiàn qiūjì

　　的　新颖式，想　委托　贵　厂　加工。
　　de xīnyǐngshì, xiǎng wěituō guì chǎng jiāgōng.

中：那　太　好　了！我们　一定　保质保量。您　打算　加工
　　Nà tài hǎo le! Wǒmen yídìng bǎozhì-bǎoliàng. Nín dǎsuan jiāgōng

49

多少 件？ 用 什么 材料 呢？
duōshao jiàn? Yòng shénme cáiliào ne?

日：我 想 各 加工 三千 件，就 用 和 刚才 那
Wǒ xiǎng gè jiāgōng sānqiān jiàn, jiù yòng hé gāngcái nà

几 件 一样 的 材料。
jǐ jiàn yíyàng de cáiliào.

中：那么，几 月份 交货 呢？
Nàme, jǐ yuèfèn jiāohuò ne?

日：您 看 两 个 月 以后，怎么样？
Nín kàn liǎng ge yuè yǐhòu, zěnmeyang?

中：好，没 问题，八 月 三十 日 准时 交货。
Hǎo, méi wèntí, bā yuè sānshí rì zhǔnshí jiāohuò.

日：拜托 了。
Bàituō le.

> **訳文**

中：山本さん、加工作業場をご覧になって、何かご意見はありませんか。

日：全体的に言うと、私はこの作業場の加工技術と機械設備に思ったより満足いたしました。しかし、製品の品質と出来ばえはいかがでしょうか。

中：この製品サンプル室をご覧になってください。ここで展示されているものはこれまで作って来た加工製品です。

日：この数点の婦人用セーターは品質がよいばかりではなく、しかも、デザインも大変斬新ですね。加工価格はきっと高いでしょうね。

中：高くありません。我々の加工価格はすべてとても適正です。この数点は提供見本加工で、どれも8米ドルです。

日：そうですか。実は私は今日2種類の秋物の新しいデザインを持ってきました。この工場で加工してほしいと思っています。

中：それはいいですね。我々は必ず質、量共に保障いたします。加工発注の数量と使用する材料はどうしましょうか。

日：各々3000枚づつ、先程見たものと同様の材料を使ってください。

中：それでは何月に現品を引き渡しますか。

日：2ヶ月以降の納期ではどうでしょうか。

中：問題ありません。8月30日に必ず納入します。

日：お願いいたします。

語釈

衫厂	shānchǎng	[名]	セーター工場
厂长	chǎngzhǎng	[名]	工場長
车间	chējiān	[名]	作業場
其中	qízhōng	[名]	そのうち
专门	zhuānmén	[形]	専門の
出口	chūkǒu	[動]	輸出する
产品	chǎnpǐn	[名]	製品
参观	cānguān	[動]	見学する
一共	yígòng	[副]	全部で
工人	gōngrén	[名]	労働者
人员	rényuán	[名]	人員
机器	jīqì	[名]	機械
设备	shèbèi	[名]	設備
多半	duōbàn	[名]	大部分
进口	jìnkǒu	[動]	輸入する
德国	Déguó	[名]	ドイツ
来料加工	láiliào-jiāgōng	[連]	原料加工
还是	háishi	[副]	それとも
来样加工	láiyàng-jiāgōng	[連]	提供見本加工
接受	jiēshòu	[動]	受け入れる
提	tí	[動]	話す
总的来说	zǒngde láishuō	[連]	総じて言えば
比较	bǐjiào	[形]	比較的に
满意	mǎnyì	[動]	満足する
质量	zhìliàng	[名]	品質
效果	xiàoguǒ	[名]	効果
样品室	yàngpǐnshì	[名]	製品サンプル室
展示	zhǎnshì	[動]	はっきり示す
历年	lìnián	[名]	長年
女式	nǚshì	[名]	女性用の
毛衣	máoyī	[名]	セーター
不仅	bùjǐn	[接]	～だけでなく
而且	érqiě	[接]	しかも
式样	shìyàng	[名]	デザイン
新颖	xīnyǐng	[形]	斬新である
价格	jiàgé	[名]	価格
便宜	piányi	[形]	（価格が）安い
贵	guì	[形]	（価格が）高い
公道	gōngdào	[形]	公平である
其实	qíshí	[副]	実際は
新颖式	xīnyǐngshì	[名]	斬新なデザイン
委托	wěituō	[動]	依頼する
保质保量	bǎozhì-bǎoliàng	[連]	質、量ともに保証する
刚才	gāngcái	[副]	さきほど
月份	yuèfèn	[名]	月
交货	jiāohuò	[動]	商品を引き渡す
准时	zhǔnshí	[副]	時間通りに
拜托	bàituō	[動]	頼む

会社訪問

　応接室から会議室に至るまで、すべての席には、上座、下座があります。席次とは暗黙のうちに、人間関係や上下関係を表すものです。相手に失礼にならないように、正しい席次の常識を覚えておく必要があります。

　会議や打ち合わせに使われる応接室や会議室では、招かれた側、招いた側で上座と下座に別れ、そしてお互いのメンバーの上下関係によって、さらに上座と下座に分かれます。間違った席に座ると、自社の人に対しても、取引先の人に対しても恥をかくことになります。そのためにも、オフィス内の基本的な席次を覚えておきましょう。

　お客様が上座、自社の人は下座に座るのが原則です。

１．来客への対応

　オフィスに来客があれば、すぐに仕事の手をとめて出迎えます。今忙しいから、誰かほかの人が対応してくれるだろうと思って知らないふりをしてはいけません。始めて来社したお客様には、先ず会社名と名前、そして自社の誰に用件があって来たのかを確認します。用件と担当者がわかったら、「少々お待ちください」と断ってから、待ってもらいます。担当者に来客を伝え、応接室に通すなどの指示を仰ぎます。

２．訪問先のマナー

　会社を訪問するときは、時間通りに訪問するのが常識です。先方はその時間をあけて待っているのですから、時間に遅れると、その時間を無駄にするだけでなく、先方に対するあなたの誠意を疑われることになり、信用を失うことになります。場合によっては、セキュリティーのために、受付で予想外の時間を費やすこともありますので、時間より早めに着いていたほうが無難です。

実 践 練 習

CD15 1 次の文を繰り返し音読し、日本語に訳しなさい。

A：欢迎诸位来访。我是东京××公司的山本一郎，由我来带大家参观。先请大家看看超声波流量计制作车间。请换上工作服。

B：真干净啊。与其说是工厂，莫不如说是研究所更合适哩。

C：是啊。人手操作全变成电脑自动控制了。

B：请问，这张线路板上安装的电池也是这里生产的吗？

A：不是。这不是普通电池，是能用五年的锂电池，所以是向别的工厂订的货。

C：那为什么呢？自己不能生产吗？

A：最关键的、相当于人的心脏的部分，必须自己生产，其他零件，与其自家生产，不如委托其他厂生产更合算。

C：的确如此。成本也能大幅度降低呢。

B：那边在做什么实验？

A：我们的流量计，是利用超声波在有水流的管内通过时的往返时间差来计算流量的，因此就要搞流量实验。

B：今天学到了很多知识。

ピンイン

A：Huānyíng zhūwèi láifǎng. Wǒ shì Dōngjīng XX gōngsī de Shānběn Yìláng, yóu wǒ lái dài dàjiā cānguān. Xiān qǐng dàjiā kànkan chāoshēngbō liúliàngjì zhìzuò chējiān. Qǐng huànshang gōngzuòfú.

B：Zhēn gānjìng a. Yǔqí shuō shì gōngchǎng, mòbùrú shuō shì yánjiūsuǒ gèng héshì li.

C：Shì a. Rénshǒu cāozuò quán biànchéng diànnǎo zìdòng kòngzhì le.

B：Qǐngwèn, zhè zhāng xiànlùbǎn shàng ānzhuāng de diànchí yě shì zhèli shēngchǎn de ma？

A：Bú shì. Zhè bú shì pǔtōng diànchí, shì néng yòng wǔ nián de lǐ diànchí, suǒyǐ shì xiàng biéde gōngchǎng dìng de huò.

C：Nà wèi shénme ne？Zìjǐ bù néng shēngchǎn ma？

A：Zuì guānjiàn de, xiāngdāng yú rén de xīnzàng de bùfen, bìxū zìjǐ shēngchǎn, qítā língjiàn, yǔqí zìjiā shēngchǎn, bùrú wěituō qítā chǎng shēngchǎn gèng hésuàn.

C：Díquè rúcǐ. Chéngběn yě néng dàfúdù jiàngdī ne.

B：Nàbiān zài zuò shénme shíyàn？

A：Wǒmen de liúliàngjì, shì lìyòng chāoshēngbō zài yǒu shuǐliú de guǎnnèi tōngguò shí de wǎngfǎn shíjiān chà lái jìsuàn liúliàng de, yīncǐ jiù yào gǎo liúliàng shíyàn.

B：Jīntiān xuédàole hěn duō zhīshi.

2 次の文を中国語に訳しなさい。

1．今年の生産高は去年より20％増える見込みです。

2．よく管理されているのには、感心いたしました。

3．ほかの会社と比べて、少しもひけをとりません。

4．私は生産ラインの自動化に大いに興味があります。

5．貴社の生産状況や製品については、よく分かりました。

6．今日は我が社の工場にようこそおいでくださいました。

7．能率が上がっただけでなく、作業環境も改善されました。

8．山本さんたちも中国へ視察旅行にいらっしゃいませんか。

9．お互いの意見を交換しましたので、相互理解も深まりました。

10．安全第一を心掛けて整然としている工場では、生産能率も高いです。

語釈

超声波流量计	chāoshēngbō-liúliàngjì [名] 超音波流量計	心脏 xīnzàng	[名] 心臓部
干净 gānjìng	[形] 清潔である	必须 bìxū	[能願] ～しなければならない
与其……莫不如	yǔqí……mòbùrú ～するよりは、むしろ～したほうがよい	其他 qítā	[代] その他
		零件 língjiàn	[名] 部品
		不如 bùrú	[動] ～のほうがよい
合适 héshì	[形] ちょうどよい	合算 hésuàn	[形] 引き合う
人手 rénshǒu	[名] 働き手	的确 díquè	[副] 確かに
操作 cāozuò	[動] 操作する	成本 chéngběn	[名] コスト
变成 biànchéng	[動] に変わる	大幅度 dàfúdù	[形] 大幅な
控制 kòngzhì	[動] 制御する	降低 jiàngdī	[動] 下がる
线路板 xiànlùbǎn	[名] プリント板	实验 shíyàn	[名] 実験
安装 ānzhuāng	[動] 取り付ける	通过 tōngguò	[動] 通す
电池 diànchí	[名] 電池	往返 wǎngfǎn	[動] 往復する
锂 lǐ	[名] リチウム	搞 gǎo	[動] する
关键 guānjiàn	[名] キーポイント	学到 xuédào	[動] 学んで身につける
相当于 xiāngdāng yú	[動] ～に相当する		

実践編

第 6 课

CD16

询价（引き合い）

貿易の基本的な条件が売り手・買い手の間で取り決められると、売買両者の一方が相手に対して取引を希望する商品の品質、価格、その他の条件について問い合わせることを引き合いと呼んでいる。新聞、雑誌の広告や見本市などの輸出PRによって商品の存在を知り関心を持った者は、電話や手紙などによって広告主に問い合わせてくる。一方、輸入を考えている場合には、外国のメーカなどの広告を見て広告主に問い合わせをする。

中：山本　先生，欢迎　您　来　上海，我市　××　公司
　　Shānběn xiānsheng, huānyíng nín lái Shànghǎi, wǒshì ×× gōngsī

　　国际　贸易部　经理，姓　李。这　是　我　的　名片。
　　guójì màoyìbù jīnglǐ, xìng Lǐ. Zhè shì wǒ de míngpiàn.

日：谢谢，很　高兴　认识　您。昨天　您　派　王　小姐
　　Xièxie, hěn gāoxìng rènshi nín. Zuótiān nín pài Wáng xiǎojiě

　　到　机场　来　接　我，十分　感谢。
　　dào jīchǎng lái jiē wǒ, shífēn gǎnxiè.

中：不　客气，请　坐，喝　茶　还是　喝　咖啡？
　　Bú kèqi, qǐng zuò, hē chá háishi hē kāfēi?

日：喝　茶　吧。我　这　次　来　上海　主要　是　想　与
　　Hē chá ba. Wǒ zhè cì lái Shànghǎi zhǔyào shì xiǎng yǔ

　　贵　公司　建立　业务　联系。当然　也　想　买　些
　　guì gōngsī jiànlì yèwù liánxì. Dāngrán yě xiǎng mǎi xiē

　　商品。
　　shāngpǐn.

中：谢谢。我们　两　家　公司　业务　范围　大致　相同。
　　Xièxie. Wǒmen liǎng jiā gōngsī yèwù fànwéi dàzhì xiāngtóng.

今后 可以 多多 合作。请问，您 要 买 什么
Jīnhòu kěyǐ duōduō hézuò. Qǐngwèn, nín yào mǎi shénme

商品？
shāngpǐn?

日：中国 茶叶。
Zhōngguó cháyè.

中：红茶 还是 绿茶？
Hóngchá háishi lǜchá?

日：主要 是 绿茶。有 西湖 龙井茶 最 好。乌龙茶，
Zhǔyào shì lǜchá. Yǒu Xīhú lóngjǐngchá zuì hǎo. Wūlóngchá,

我们 也 想 要 些。据 我们 所 知，近年 来，
wǒmen yě xiǎng yào xiē. Jù wǒmen suǒ zhī, jìnnián lái,

中国 的 乌龙茶 在 世界 市场 上 很 受 欢迎。
zhōngguó de wūlóngchá zài shìjiè shìchǎng shàng hěn shòu huānyíng.

中：是 的，特别 是 福建 产 的 乌龙茶 供不应求。
Shì de, tèbié shì Fújiàn chǎn de wūlóngchá gōngbúyìngqiú.

这样 吧，先 请 参观 我们 的 陈列室。
Zhèyàng ba, xiān qǐng cānguān wǒmen de chénlièshì.

日：谢谢 您 的 介绍。我们 先 订 2000 公斤 杭州
Xièxie nín de jièshào. Wǒmen xiān dìng liǎngqiān gōngjīn Hángzhōu

的 龙井茶，1000 公斤 福建 的 乌龙茶，可以 吗？
de lóngjǐngchá, yìqiān gōngjīn fújiàn de wūlóngchá, kěyǐ ma?

请 报 CIF 日本 大阪 的 价格。
Qǐng bào CIF Rìběn Dàbǎn de jiàgé.

中：好 的。你们 对 包装 及 发货期 有 什么 要求？
Hǎo de. Nǐmen duì bāozhuāng jí fāhuòqī yǒu shénme yāoqiú?

日：关于 包装，就 像 你们 陈列室 的 样品 那样，
Guānyú bāozhuāng, jiù xiàng nǐmen chénlièshì de yàngpǐn nàyàng,

没有 什么 特别 要求。关于 发货期，我们 希望
méiyǒu shénme tèbié yāoqiú. Guānyú fāhuòqī, wǒmen xīwàng

尽量 快 些。能 在 今年 9月 供货 吗？
jǐnliàng kuài xiē. Néng zài jīnnián jiǔyuè gōnghuò ma?

中：问题 不 大。今天 是 星期二，明天 星期三 给 你
Wèntí bú dà. Jīntiān shì xīngqī'èr, míngtiān xīngqīsān gěi nǐ

报价，行 吗？
bàojià, xíng ma?

日：那 太 谢谢 啦。另外，我们 还 想 订购 中国 的
Nà tài xièxie la. Lìngwài, wǒmen hái xiǎng dìnggòu Zhōngguó de

女式 丝绸 衬衫。最好 是 苏州 的 产品。
nǚshì sīchóu chènshān. Zuìhǎo shì Sūzhōu de chǎnpǐn.

中：可以，我们 公司 在 苏州 设有 服装 工厂。
Kěyǐ, wǒmen gōngsī zài Sūzhōu shèyǒu fúzhuāng gōngchǎng.

请问，您 在 上海 住 几 天？
Qǐngwèn, nín zài Shànghǎi zhù jǐ tiān?

日：最 多 两 天。
Zuì duō liǎng tiān.

中：这样 吧，正式 报价 我 在 下星期 发 传真 到
Zhèyàng ba, zhèngshì bàojià wǒ zài xiàxīngqī fā chuánzhēn dào

日本，行 吗？
Rìběn, xíng ma?

日：谢谢，我们 等候 你们 的 正式 报价。
Xièxie, wǒmen děnghòu nǐmen de zhèngshì bàojià.

語釈

名片	míngpiàn	[名]	名刺
认识	rènshi	[動]	見知っている
派	pài	[動]	派遣する
机场	jīchǎng	[名]	空港
接	jiē	[動]	出迎える
客气	kèqi	[形]	遠慮する
还是	háishi	[接]	それとも
咖啡	kāfēi	[名]	コーヒー
主要	zhǔyào	[副]	主に
与	yǔ	[介]	〜と
建立	jiànlì	[動]	打ち立てる
业务	yèwù	[名]	仕事
联系	liánxì	[動]	連絡をとる
范围	fànwéi	[名]	範囲
大致	dàzhì	[副]	だいたい
相同	xiāngtóng	[形]	同じ
多多	duōduō	[副]	多く
茶叶	cháyè	[名]	茶の葉
龙井茶	lóngjǐngchá	[名]	ロンジン茶
乌龙茶	wūlóngchá	[名]	ウーロン茶
据……所知	jù……suǒzhī		〜の知るところでは
受欢迎	shòu huānyíng	[連]	人気がある
供不应求	gōngbúyìngqiú	[連]	供給が需要に追いつかない
公斤	gōngjīn	[名]	キロ
CIF			運賃保険料込み値段
发货期	fāhuòqī	[名]	納期
要求	yāoqiú	[名]	要望
关于	guānyú	[介]	〜について
像	xiàng	[動]	〜のようだ
样品	yàngpǐn	[名]	見本
尽量	jǐnliàng	[副]	できる限り
供货	gōnghuò	[動]	納品する
报价	bàojià	[動]	オファーする
另外	lìngwài	[副]	ほかに
订购	dìnggòu	[動]	発注する
丝绸	sīchóu	[名]	シルク
衬衫	chènshān	[名]	シャツ
最好	zuìhǎo	[形]	〜するほうがよい
设有	shèyǒu	[動]	設ける
传真	chuánzhēn	[名]	ファックス
等候	děnghòu	[動]	待つ

訳文

中：山本さん、上海へようこそいらっしゃいました。私は○○会社国際貿易部の部長で、李と申します。これは私の名刺です。

日：ありがとうございます。お目にかかれて光栄です。昨日、王さんの空港への出迎えをご手配くださいまして、本当にありがとうございました。

中：どういたしまして。お掛けください。お茶を飲みますか、それともコーヒーを飲みますか。

日：お茶をいただきましょう。私は、今回、主に貴社との取引関係を結ぶ為に上海にまいりました。もちろん、品物も少し買いたいです。

中：ありがとう。私たち両社の営業範囲は大体同じですから、今後いろいろと協力できると思います。お尋ねしますが、何をご注文なさいますか。

日：中国のお茶です。

中：紅茶ですか、それとも緑茶ですか。

日：主として緑茶です。西湖の龍井（ロンジン）茶があれば一番いいです。ウーロン茶もほしいです。私たちの知っているところでは、近年来、中国のウーロン茶は国際市場でとても人気があるそうです。

中：そうですね。特に福建産のウーロン茶は需要に応じきれません。こうしましょう。先ず、陳列室をご覧になっていただきます。

日：ご紹介ありがとうございます。取りあえず、杭州のロンジン茶を2000キログラム、福建省のウーロン茶を1000キログラム注文したいですが、よろしいですか。日本大阪までのCIF価格をオファーしてください。

中：はい。包装と納期について何かご要望はありませんか。

日：包装については、特別な要望はありませんが、陳列室に陳列された見本のようにすればいいです。納期については、できるだけ早くしてほしいです。今年の9月に納品できますか。

中：大丈夫です。今日は火曜日ですね。明日水曜日にオファーすればよろしいですか。

日：それはありがたいです。また、中国の絹のブラウスも注文したいんですが、蘇州の製品が一番いいです。

中：結構です。我が社は蘇州に服装工場を持っています。上海に何日ご滞在ですか。
日：長くとも2日間です。
中：それでは、正式のオファーは、来週ファックスで日本へ送れば、よろしいですか。
日：ありがとう。正式のオファーをお待ちしております。

実 践 練 習

CD17 1　次の文を繰り返し音読し、日本語に訳しなさい。

A：山本先生，这次拟购轧机，根据此规格您能给报价吗？

B：噢，那太好了。可是，附件怎么办？

A：这次，只要主机，附件可以不要。

B：备品备件怎么办？

A：与主机分开报价，要两年用的备品备件。

B：知道了。报价的条件是……

A：请按照FOB横滨港船上交货的日元报价。

B：可以。那么，我们将在两、三天内送上报价单。

A：还有。如有可能，请带来有关资料。

B：知道了。

A：我想还会有技术上的各种提问，届时，请派工程师给作技术说明。

B：好的，可以。

A：那就拜托了。

ピンイン

A：Shānběn xiānsheng, zhè cì nǐ gòu zhájī, gēnjù cǐ guīgé nín néng gěi bàojià ma？
B：Ou, nà tài hǎo le. Kěshì, fùjiàn zěnme bàn？
A：Zhè cì, zhǐ yào zhǔjī, fùjiàn kěyǐ bú yào.
B：Bèipǐn bèijiàn zěnme bàn？
A：Yǔ zhǔjī fēnkāi bàojià, yào liǎng nián yòng de bèipǐn bèijiàn.
B：Zhīdao le. Bàojià de tiáojiàn shì……
A：Qǐng ànzhào FOB Héngbīn gǎng chuán shàng jiāohuò de Rìyuán bàojià.
B：Kěyǐ. Nàme, wǒmen jiāng zài liǎng、sān tiān nèi sòngshang bàojiàdān.
A：Háiyǒu. Rú yǒu kěnéng, qǐng dàilai yǒuguān zīliào.
B：Zhīdao le.
A：Wǒ xiǎng hái huì yǒu jìshù shàng de gè zhǒng tíwèn, jièshí, qǐng pài gōngchéngshī gěi zuò jìshù shuōmíng.
B：Hǎo de, kěyǐ.
A：Nà jiù bàituō le.

2 次の文を中国語に訳しなさい。

1．値段はデザインと原料とサイズによります。

2．取引きが成立することを願っています。

3．できるだけご希望にそえるようにいたします。

4．大口注文の場合は、多少値引きできると思います。
　　_____

5．注文量を検討した結果は、すぐにご連絡いたします。
　　_____

6．明日の午前中はすでにアポイントメントがあります。
　　_____

7．もしベストオファーでしたら、当方は大口注文できます。
　　_____

8．見本通りに仕上がれば、日本でもよく売れると思います。
　　_____

9．取り扱い品目について説明していただけないでしょうか。
　　_____

10．いま、貴社の引合書を検討中ですので、数日中にご返事いたします。
　　_____

語釈

拟 nǐ	[動] 〜するつもりである	按照 ànzhào	[動] 〜に基づく
购 gòu	[動] 買う	FOB	本船渡し値段
轧机 zhájī	[名] 圧延機	交货 jiāohuò	[動] 納品する
根据 gēnjù	[介] 〜に基づいて	将 jiāng	[副] まもなく〜であろう
主机 zhǔjī	[名] 本体		
附件 fùjiàn	[名] 付属品	可能 kěnéng	[名] 可能性
备品备件 bèipǐn-bèijiàn		有关 yǒuguān	[動] 関連する
	[名] スペア・パーツ	提问 tíwèn	[名] 質問
分开 fēnkāi	[動] 別々にする	届时 jièshí	[動] その時になる

第 7 课

CD18

报价（オファー）

　　オファーとは厳密には、申込者が被申込者に対して一定の取引条件で契約を成立させるために、意思表示をすることを言い、売主の申し込み、買い主の買い申し込み、反対申し込みなどを含む。しかし、実務上は、売り申し込みを指す場合が一般的である。

　　輸出取引では、外国のバイヤーに対して見積書、カタログ、サンプルなどを送付し、いかにして契約をまとめるかがポイントであり、この申し込みを通常、オファーと言う。貿易取引では、一般にオファーと言っても確定的でない場合も多く、相手を誘って申し込みをさせようとする意思表示、すなわち予備的交渉の段階のものも含む。

日：喂，上海 ×× 公司 吗？
　　Wèi, Shànghǎi ×× gōngsī ma?

中：是 的。请问 找 谁？
　　Shì de. Qǐngwèn zhǎo shuí?

日：我 是 山本，日本 大阪。请问 李 经理 在 吗？
　　Wǒ shì Shānběn, Rìběn Dàbǎn. Qǐngwèn Lǐ jīnglǐ zài ma?

中：噢，山本 先生，您 好！我 是 王 小姐，很 高兴
　　O, Shānběn xiānsheng, nín hǎo! Wǒ shì Wáng xiǎojiě, hěn gāoxìng
　　听到 您 的 声音。李 经理 在 国际部，请 稍 候。
　　tīngdào nín de shēngyīn. Lǐ jīnglǐ zài guójìbù, qǐng shāo hòu.

日：谢谢。
　　Xièxie.

中：山本 先生，早上 好！
　　Shānběn xiānsheng, zǎoshang hǎo!

69

日：早上 好，李 经理。您 的 传真 我 收到 了。
　　Zǎoshang hǎo, Lǐ jīnglǐ. Nín de chuánzhēn wǒ shōudào le.

　　谢谢！关于 苏州 丝绸 衬衫 的 报价单 收到 了。
　　Xièxie! Guānyú Sūzhōu sīchóu chènshān de bàojiàdān shōudào le.

　　很 好，我 的 上司 很 满意。当然 也 有 一些
　　Hěn hǎo, wǒ de shàngsī hěn mǎnyì. Dāngrán yě yǒu yìxiē

　　具体 问题，还 想 谈一谈，可以 吗？
　　jùtǐ wèntí, hái xiǎng tányitan, kěyǐ ma?

中：当然 可以。
　　Dāngrán kěyǐ.

日：第一 是 价格 问题。你们 的 报价 每 件 八
　　Dì-yī shì jiàgé wèntí. Nǐmen de bàojià měi jiàn bā

　　美元，是否 还 可 商量 一下？
　　měiyuán, shìfǒu hái kě shāngliang yíxià?

中：这 已 是 最 低 的 优惠价 了。不过 如果 是
　　Zhè yǐ shì zuì dī de yōuhuìjià le. Búguò rúguǒ shì

　　长期 订单，大 数量 的话，我们 可以 适当 降低。
　　chángqī dìngdān, dà shùliàng dehuà, wǒmen kěyǐ shìdàng jiàngdī.

日：我们 公司 有意 签订 长期 合同。第一 次 订货
　　Wǒmen gōngsī yǒuyì qiāndìng chángqī hétóng. Dì-yī cì dìnghuò

　　2000 打，以后 每 季度 1000 打。
　　liǎngqiān dá, yǐhòu měi jìdù yìqiān dá.

中：如果 这样 的话，我们 可以 降价 百 分之 五，但
　　Rúguǒ zhèyàng dehuà, wǒmen kěyǐ jiàngjià bǎi fēnzhī wǔ, dàn

　　这个 报价 有效期 为 十五 天，请 尽快 决定。
　　zhège bàojià yǒuxiàoqī wéi shíwǔ tiān, qǐng jǐnkuài juédìng.

日：好 的，我们 会 尽快 加以 确认。
　　Hǎo de, wǒmen huì jǐnkuài jiāyǐ quèrèn.

中：第二 个 问题 呢？
　　Dì-èr ge wèntí ne?

日：第二 个 问题 是 质量 与 款式。
　　Dì-èr ge wèntí shì zhìliàng yǔ kuǎnshì.

中：你们 有 什么 要求 吗？
　　Nǐmen yǒu shénme yāoqiú ma?

日：我们 想 先 看看 样品。如果 可能，还 想 参观
　　Wǒmen xiǎng xiān kànkan yàngpǐn. Rúguǒ kěnéng, hái xiǎng cānguān

　　一下 你们 的 工厂。
　　yíxià nǐmen de gōngchǎng.

中：样品，我们 在 昨天 已 寄出 了。希望 你们 满意。
　　Yàngpǐn, wǒmen zài zuótiān yǐ jìchu le. Xīwàng nǐmen mǎnyì.

　　关于 款式，你们 也 可 提供 样品，我们 可 按
　　Guānyú kuǎnshì, nǐmen yě kě tígōng yàngpǐn, wǒmen kě àn

　　你们 的 要求 生产。
　　nǐmen de yāoqiú shēngchǎn.

日：关键 是 质量。待 我们 看到 样品 后，再 决定。
　　Guānjiàn shì zhìliàng. Dài wǒmen kàndào yàngpǐn hòu, zài juédìng.

　　如果 质量 好，我 想 这 笔 交贸 一定 会 成功。
　　Rúguǒ zhìliàng hǎo, wǒ xiǎng zhè bǐ jiāomào yídìng huì chénggōng.

中：是 的，我们 的 看法 是 一样 的。我 等候 贵
　　Shì de, wǒmen de kànfǎ shì yíyàng de. Wǒ děnghòu guì

　　公司 的 最后 确认。
　　gōngsī de zuìhòu quèrèn.

日：谢谢 您 的 帮助。
　　Xièxie nín de bāngzhù.

中：谢谢 您 打 电话 来，再见！
　　Xièxie nín dǎ diànhuà lái, zàijiàn!

日：再见！
　　Zàijiàn!

71

語釈

找	zhǎo	[動]	探す
声音	shēngyīn	[名]	声
稍	shāo	[副]	ちょっと
候	hòu	[動]	待つ
收到	shōudào	[動]	受け取る
关于	guānyú	[介]	～について
报价单	bàojiàdān	[名]	見積書
上司	shàngsī	[名]	上司
满意	mǎnyì	[形]	満足する
一些	yìxiē	[量]	少しばかり
是否	shìfǒu	[副]	～であるかどうか
可	kě	[能願]	～すべきである
商量	shāngliang	[動]	相談する
一下	yíxià	[量]	ちょっと
优惠价	yōuhuìjià	[名]	優待価格
不过	búguò	[接]	だが
订单	dìngdān	[名]	発注書
适当	shìdàng	[形]	適当である
降低	jiàngdī	[動]	下がる
有意	yǒuyì	[動]	～したいと思う
签订	qiāndìng	[動]	調印する
合同	hétóng	[名]	契約
订货	dìnghuò	[動]	注文する
打	dá	[量]	ダース
降价	jiàngjià	[動]	値下げする
有效期	yǒuxiàoqī	[名]	有効期間
尽快	jǐnkuài	[副]	なるべく早く
加以	jiāyǐ	[動]	行う
确认	quèrèn	[動]	確認する
质量	zhìliàng	[名]	品質
款式	kuǎnshì	[名]	デザイン
按	àn	[介]	～に基づいて
关键	guānjiàn	[名]	キーポイント
待	dài	[動]	待つ
交贸	jiāomào	[名]	取引き
看法	kànfǎ	[名]	見方
帮助	bāngzhù	[動]	助ける

訳文

日：もしもし、上海の○○会社ですか。

中：はい、そうです。誰にご用ですか。

日：私は日本大阪の山本です。李部長はいらっしゃいますか。

中：ああ、山本さんですか。おはようございます。王です。お声を聞いて嬉しいです。李部長は国際部にいますから、少々お待ちください。

日：ありがとう。

中：山本さん、おはようございます。

日：おはようございます。李部長、ファックスをいただきました。ありがとう。蘇州の絹のブラウスについての見積書を受け取りました。私の上司が満足していますから、いいと思います。でも、具体的な問題がいくつかありますので、相談にのっていただけますか。

中：もちろんですよ。

日：第一は値段の問題です。貴社のオファー価格は1枚8ドルとなっていますね。もう一度相談できませんか。

中：いや、それは優待価格で、もう安くなっていますよ。でも、長期注文で、しかも注文量が多ければ、私たちはまた適当に値段を下げることができます。

日：我が社は長期契約を結ぶつもりです。最初は2000ダースにしますが、その後、四半期ごとに1000ダース注文します。

中：それなら、5％値引きします。ただし、このオファーの有効期間は15日ですから、なるべくはやくお決めください。

日：はい。私たちはできるだけはやく確認します。

中：第二の問題は。

日：第二の問題は品質とデザインです。

中：何かご希望はありますか。

日：先ず見本を見たいです。できれば貴社の工場を見学させてください。

中：見本はすでに昨日郵送しました。満足していただければいいですね。デザインについては、貴社から見本を提供していただければ、ご希望通り生産

できます。
日：大切なのは品質です。見本を見てから決めます。品質が良ければ、この取引はきっと成約できると思います。
中：そうです。私たちの見方も同じです。貴社の最終確認をお待ちしています。
日：ご協力ありがとうございます。
中：お電話ありがとうございました。さようなら。
日：さようなら。

実 践 練 習

CD19 1 次の文を繰り返し音読し、日本語に訳しなさい。

A：请坐。

B：谢谢，今天我带来了上次要求的报价。

A：哪个报价？

B："过程控制计算机"的报价单，请研究一下。

A：那我看一下吧。

B：这是有关技术资料。

A：谢谢。

B：请多关照。另外，还需要什么资料的话，我们随时给送来。

A：那就拜托了。

B：今天在您百忙中前来打搅了。

A：哪里哪里，你们送来了报价，不胜感谢。

B：哪儿的话，我们受到询价，太感谢了。

A：我们马上研究。

B：好的，等待您的好消息。那么，告辞了。

ピンイン

A : Qǐng zuò.
B : Xièxie, jīntiān wǒ dàilaile shàng cì yāoqiú de bàojià.
A : Nǎge bàojià？
B : "Guòchéng kòngzhì jìsuànjī" de bàojiàdān, qǐng yánjiū yíxià.
A : Nà wǒ kàn yíxià ba.
B : Zhè shì yǒuguān jìshù zīliào.
A : Xièxie.
B : Qǐng duō guānzhào. Lìngwài, hái xūyào shénme zīliào dehuà, wǒmen suíshí gěi sònglai.
A : Nà jiù bàituō le.
B : Jīntiān zài nín bǎimáng zhōng qián lái dǎjiǎo le.
A : Nǎli nǎli, nǐmen sònglaile bàojià, búshèng gǎnxiè.
B : Nǎr de huà, wǒmen shòudào xúnjià, tài gǎnxiè le.
A : Wǒmen mǎshàng yánjiū.
B : Hǎo de, děngdài nín de hǎo xiāoxi. Nàme, gàocí le.

2　次の文を中国語に訳しなさい。

1．いつもよりずいぶん高いようですね。

2．取引について話し合いいたしましょう。

3．もっと値引きするとコスト割れになります。

4．この値段で購入すると、なかなか売れません。

5．そちらのオファー価格はこの前のより高いようですね。

6．これはベスト価格です。これ以上値引きできません。

7．値下げしていただけないなら、この取引は成約しません。

8．前からのお客様ですので、5％割引させていただきます。

9．東京の物価は世界一高いといわれていますが、知っていますか。

10．○○製品の値段について、まずそちらのお考えを聞かせてください。

語釈

過程控制計算机 guòchéngkòngzhìjìsuànjī	[名] プロセス・コンピューター
研究 yánjiū	[動] 検討する
随时 suíshí	[副] いつでも
百忙中 bǎimángzhōng	[名] 非常に忙しい中
打搅 dǎjiǎo	[動] じゃまする
哪里哪里 nǎli-nǎli	どういたしまして
不胜感谢 búshèng gǎnxiè	[連] 感謝に堪えません
哪儿的话 nǎrdehuà	[連] どういたしまして
马上 mǎshàng	[副] すぐに
消息 xiāoxi	[名] 知らせ
告辞 gàocí	[動] いとま乞いをする

第 8 课

CD20

订合同（契約を結ぶ）

> 売買双方のどちらかが相手のオファーを承諾すれば、契約が成立する。そして契約書作成に次のような作業が必要になる。
>
> 契約書においては、一般取引条件が裏面や別用紙に印刷され、表面には交渉で合意した内容がタイプで記入される。契約書は普通、一式二通作成され、売買双方がそれぞれ署名・捺印し、一通ずつ所持する。契約書の主な事項は、品名、品質、数量、単価、条件、運送、デスチネーション、納期、梱包、マーキング、検査、ドキュメンツ、ペイメントなどである。従って、少なくとも契約時にはこれらの事項を確認する必要がある。

中：山本　先生，我们　已经　谈了　两　次，各　项　条款
　　Shānběn xiānsheng, wǒmen yǐjing tánle liǎng cì, gè xiàng tiáokuǎn

　　都　清楚　了，你　看　是否　可以……
　　dōu qīngchu le, nǐ kàn shìfǒu kěyǐ……

日：签订　合同？这　是　很　自然　的。不过　我们　得
　　Qiāndìng hétóng? Zhè shì hěn zìrán de. Búguò wǒmen děi

　　仔细　核对　一下　各　项　条款。看看　有　没有　遗漏
　　zǐxì héduì yíxià gè xiàng tiáokuǎn. Kànkan yǒu méiyǒu yílòu

　　或　不　清楚　的。
　　huò bù qīngchu de.

中：对，谨慎　永远　不　会　多余。这　次　王　小姐　为
　　Duì, jǐnshèn yǒngyuǎn bú huì duōyú. Zhè cì Wáng xiǎojiě wèi

　　我们　准备　的　合同书，一式　两　份，买卖　双方　各
　　wǒmen zhǔnbèi de hétóngshū, yíshì liǎng fèn, mǎimài shuāngfāng gè

　　执　一　份。对　合同书　用　英文　书写，不　反对　吧？
　　zhí yí fèn. Duì hétóngshū yòng yīngwén shūxiě, bù fǎnduì ba?

79

日：不 反对。请 等 一下，我 还 有 前 几 天 我们
　　Bù fǎnduì. Qǐng děng yíxià, wǒ hái yǒu qián jǐ tiān wǒmen

　　往来 的 传真 及 电话 记录，可以 参考。
　　wǎnglái de chuánzhēn jí diànhuà jìlù, kěyǐ cānkǎo.

中：是 的，作为 附件，王 小姐 也 给 我们 准备 了。
　　Shì de, zuòwéi fùjiàn, Wáng xiǎojiě yě gěi wǒmen zhǔnbèi le.

日：王 小姐 真 能干。好，让 我们 来 核对 一下：
　　Wáng xiǎojiě zhēn nénggàn. Hǎo, ràng wǒmen lái héduì yíxià:

　　合同 号、日期、买卖 双方 地址、电话、传真号、
　　hétóng hào, rìqī, mǎimài shuāngfāng dìzhǐ, diànhuà, chuánzhēnhào,

　　货物 名称、规格、产地、数量、包装、单价、总金额、
　　huòwù míngchēng, guīgé, chǎndì, shùliàng, bāozhuāng dānjià, zǒngjīn'é,

　　运输……
　　yùnshū……

中：关于 信用证 的 条款，请 仔细 核对。
　　Guānyú xìnyòngzhèng de tiáokuǎn, qǐng zǐxì héduì.

日：是 的，这 可 不 能 马虎。合同 是否 该 加上
　　Shì de, zhè kě bù néng mǎhu. Hétóng shìfǒu gāi jiāshàng

　　一 句"如果 一方 未 按 合同 办事，另 一方 有
　　yí jù "Rúguǒ yìfāng wèi àn hétóng bànshì, lìng yìfāng yǒu

　　权 中止 合同。"
　　quán zhōngzhǐ hétóng."

中：完全 同意。我 建议 合同 再 加上"不可抗拒力"这
　　Wánquán tóngyì. Wǒ jiànyì hétóng zài jiāshàng "Bùkěkàngjùlì" zhè

　　一 条，这样 更加 完整。天灾人祸 有时 会 影响
　　yì tiáo, zhèyàng gèngjiā wánzhěng. Tiānzāi-rénhuò yǒushí huì yǐngxiǎng

　　交货。
　　jiāohuò.

日：是 的。我们 日本 人祸 不 多，主要 是 天灾，如
　　Shì de. Wǒmen Rìběn rénhuò bù duō, zhǔyào shì tiānzāi, rú

　　　　地震　就　很　可怕。
　　　　dìzhèn　jiù　hěn　kěpà.

中：关于　保险、仲裁、索赔　都　是　按　国际　惯例　撰写
　　Guānyú　bǎoxiǎn、zhòngcái、suǒpéi　dōu　shì　àn　guójì　guànlì　zhuànxiě

　　的、该　不　会　有　什么　大　的　出入。
　　de、gāi　bú　huì　yǒu　shénme　dà　de　chūrù.

日：我　看　写　的　都　很　好。请　允许　我　代表　我们
　　Wǒ　kàn　xiě　de　dōu　hěn　hǎo.　Qǐng　yǔnxǔ　wǒ　dàibiǎo　wǒmen

　　公司　向　贵　公司　表示　感谢。
　　gōngsī　xiàng　guì　gōngsī　biǎoshì　gǎnxiè.

中：谢谢。预祝　我们　合作　越来越　多，越来越　好。
　　Xièxie.　Yùzhù　wǒmen　hézuò　yuèláiyuè　duō,　yuèláiyuè　hǎo.

語釈

已经 yǐjing	[副] すでに	地址 dìzhǐ	[名] 住所
条款 tiáokuǎn	[名] 条項	产地 chǎndì	[名] 生産地
清楚 qīngchu	[形] 明らかである	单价 dānjià	[名] 単価
仔细 zǐxì	[形] 綿密である	马虎 mǎhu	[形] いい加減である
核对 héduì	[動] 照合する	该 gāi	[能願] ～すべきである
遗漏 yílòu	[動] 遺漏がある		
谨慎 jǐnshèn	[形] 慎重である	加上 jiāshàng	[動] 加える
永远 yǒngyuǎn	[副] 永遠に	不可抗拒力 bùkěkàngjùlì	[連] 不可抗力
多余 duōyú	[形] 余分な		
合同书 hétóngshū	[名] 契約書	更加 gèngjiā	[副] さらに
一式两份 yíshìliǎngfèn	[連] 同じ写しの二通の文書	完整 wánzhěng	[形] 整っている
		天灾 tiānzāi	[名] 天災
		人祸 rénhuò	[名] 人災
执 zhí	[動] 手に持つ	有时 yǒushí	[副] ときどき
书写 shūxiě	[動] 書く	可怕 kěpà	[形] 恐ろしい
往来 wǎnglái	[動] 行ったり来たりする	索赔 suǒpéi	[名] クレーム
		撰写 zhuànxiě	[動] 書く
作为 zuòwéi	[動] ～とする	出入 chūrù	[名] 間違い
附件 fùjiàn	[名] 付属書類	允许 yǔnxǔ	[動] 許す
能干 nénggàn	[形] 有能である	预祝 yùzhù	[動] ～するよう祈る
让 ràng	[動] ～させる	越来越 yuèláiyuè	[副] ますます

> 訳文

中：山本さん、私たちはもう二回打ち合わせしました。各条項はすでにはっきりしましたね。どうですか。あのう……

日：契約調印のことですね。それはもちろんです。でも、書き忘れたところやはっきりしないところがあるかどうか、もう一度各条項をよくチェックしてみましょう。

中：そうですね。注意はもちろんしすぎることはないと思います。今回、契約書は王さんが二部作りました。売り手買い手の双方はそれぞれ一部を保存します。契約書は英語で作成されているのですが、ご異議はありませんか。

日：異議はありません。ちょっと待って下さい。この間のファックスのやりとりや電話の記録を持っていますが、参考になると思います。

中：そうですね。付属書類として、王さんはそれも用意しました。

日：王さんはなかなかのやり手ですね。でも、チェックしましょう。契約の番号、期日、売り手買い手双方の住所、電話とファックスの番号、品物の名称、規格、原産地、数量、包装、単価、総額、運送……。

中：信用状についての条項をよくチェックしてください。

日：そうですね。これはいい加減にしてはいけません。『もし一方が契約を履行しなかったら、もう一方は契約を中止する権利を有する。』という言葉を書き添えるほうがいいと思います。

中：まったく賛成です。また契約に『不可抗力』という条項を付け加えたらどうですか。そうすれば、もっと完璧になります。天災と人災によって納期に影響することがあります。

日：そうですね。日本では、人災はあまり多くないです。主なものは天災です。例えば、地震は大変恐ろしいです。

中：保険、仲裁及びクレームは全て国際慣例に基づいて書きましたので、大きな違いはないと思います。

日：みな良くできていると思います。我が社を代表して貴社にお礼を申し上げます。

中：ありがとうございます。私たちの協力がますます多くなって、更に成功するようお祈りします。

実 践 練 習

CD21 **1** 次の文を繰り返し音読し、日本語に訳しなさい。

A：欢迎，欢迎。请坐。

B：谢谢。听说今天可以签合同，因此带来了合同书。

A：谈判时间长了一些，但最终还是谈妥了。给你们添麻烦了。

B：哪里，不要客气。那么，我们谈正题吧。这是正式合同书，拿到的草案中有关注释也加进去了，请过目。

A：是吗，那我看一下。确实与谈妥的内容一致，这样可以。不过，再啰嗦一句，交货期没有问题吧？

B：是的，按贵方的要求执行。

A：说实话，这次订货中有用于大修的，如果耽误了就不得了。

B：那一点，我们和厂家都有足够的准备。不过，如果由于自然界或其他不可抗拒的力量所造成的延迟交货，就请凉解了。

A：那是当然的。我们认为最重要的是"重合同，守信用"请务必关照。

ピンイン

A：Huānyíng, huānyíng. Qǐng zuò.

B：Xièxie. Tīngshuō jīntiān kěyǐ qiān hétóng, yīncǐ dàilaile hétóngshū.

A：Tánpàn shíjiān chángle yìxiē, dàn zuìzhōng háishi tántuǒ le. Gěi nǐmen tiān máfan le.

B：Nǎli, búyào kèqi. Nàme, wǒmen tán zhěngtǐ ba. Zhè shì zhèngshì hétóngshū, nádào de cǎo'àn zhōng de yǒuguān zhùshì yě jiā jinqu le, qǐng guòmù.

A：Shì ma, nà wǒ kàn yíxià. Quèshí yǔ tántuǒ de nèiróng yízhì, zhèyàng kěyǐ. Búguò, zài luōsuo yí jù, jiāohuòqī méiyǒu wèntí ba？

B：Shì de, àn guīfāng de yāoqiú zhíxíng.

A：Shuō shíhuà, zhè cì dìnghuò zhōng yǒuyòng yú dà xiū de, rúguǒ dānwule jiù bùdéliǎo.

B：Nà yìdiǎn, wǒmen hé chǎngjiā dōu yǒu zúgòu de zhǔnbèi. Búguò, rúguǒ yóuyú zìránjiè huò qítā bùkěkàngjù de lìliang suǒ zàochéng de yánchí jiāohuò, jiù qǐng liàngjiě le.

A：Nà shì dāngrán de. Wǒmen rènwéi zuì zhòngyào de shì "zhòng hétóng, shǒu xìnyòng", qǐng wùbì guānzhào.

2　次の文を中国語に訳しなさい。

1．どうぞ本契約にサインしてください。

2．必ず契約書に基づいて履行いたします。

3．ユーザーに契約を履行するように説得してください。

4．契約期日通り納品するようにお願いします。

5．長期契約を結びたいのですが、可能性はありますか。

6．ここは昨日打ち合わせた内容とちょっと違っています。

7．これは昨日打ち合わせ通りに作成した契約書の草案です。

8．念のために、本契約書のすべての条項をもう一度ご確認ください。

9．当社は納期については、契約に違反したことは一度もありません。

10．本覚書を中国語と日本語で作成しますが、同等の効力を持っています。

語釈

听说 tīngshuō	[動] ～だそうですね	有用 yǒuyòng	[形] 役に立つ
因此 yīncǐ	[接] そのために	耽误 dānwu	[動] むだにする
还是 háishi	[副] やはり	不得了 bùdéliǎo	[形] 大変だ
谈妥 tántuǒ	[動] 話がまとまる	厂家 chǎngjiā	[名] メーカー
正题 zhèngtí	[名] 本題	足够 zúgòu	[形] 十分だ
注释 zhùshì	[動] 注釈する	由于 yóuyú	[介] ～のために
过目 guòmù	[動] 目を通す	延迟 yánchí	[動] 遅らせる
确实 quèshí	[副] 確かに	谅解 liàngjiě	[動] 了解する
啰嗦 luōsuo	[形] くどい	认为 rènwéi	[動] ～と思う
执行 zhíxíng	[動] 執行する	务必 wùbì	[副] きっと
说实话 shuō shíhuà		关照 guānzhào	[動] 面倒を見る
	[連] 本当のことを言う		

第 9 课

包装（包装）

CD22

　　包装は、品物の運送、保管、取引その他の流通の過程で、その品物の中身や外形を保護し、その価値を維持するために行われる。
　　貿易貨物の包装は、輸入品の包装と輸出品の包装があるが、貿易輸送の特質から、貿易包装は貨物の品質保証に直接影響を与えるため、貿易取引の一環として重要な位置を占めている。

中：山本　先生，欢迎　您　再次　来　上海。请　坐。喝
　　Shānběn xiānsheng, huānyíng nín zàicì lái Shànghǎi. Qǐng zuò. Hē

　　茶　还是　喝　咖啡？
　　chá háishi hē kāfēi?

日：这　次　要　喝　咖啡　啦，不　要　糖，加　些　牛奶。
　　Zhè cì yào hē kāfēi la, bú yào táng, jiā xiē niúnǎi.

中：收到　你们　关于　丝绸　衬衫　的　传真，知道　你们
　　Shōudào nǐmen guānyú sīchóu shènshān de chuánzhēn, zhīdao nǐmen

　　对　包装　有些　意见。
　　duì bāozhuāng yǒuxiē yìjian.

日：是　的。收到　你们　的　样品　后，我们　认为　质量
　　Shì de. Shōudào nǐmen de yàngpǐn hòu, wǒmen rènwéi zhìliàng

　　很　好，对　原料　及　制作　水平　都　很　满意，就
　　hěn hǎo, duì yuánliào jí zhìzuò shuǐpíng dōu hěn mǎnyì, jiù

　　是　包装　不　理想。
　　shì bāozhuāng bù lǐxiǎng.

中：我　很　理解。根据　我们　的　经验，中国　的　商品
　　Wǒ hěn lǐjiě. Gēnjù wǒmen de jīngyàn, Zhōngguó de shāngpǐn

87

质量 不 错, 有时 就 是 包装 差, 影响了 销售。
zhìliàng bú cuò, yǒushí jiù shì bāozhuāng chà, yǐngxiǎngle xiāoshòu.

日：是 这样。在 日本, 包装 很 重要。去年, 我们 从
Shì zhèyàng. Zài Rìběn, bāozhuāng hěn zhòngyào. Qùnián, wǒmen cóng

另 一 家 公司 进口 一 批 中国 服装, 就 是
lìng yì jiā gōngsī jìnkǒu yì pī Zhōngguó fúzhuāng, jiù shì

因为 包装 不 好, 销售不出。我们 公司 损失 不 小。
yīnwei bāozhuāng bù hǎo, xiāoshòubuchū. Wǒmen gōngsī sǔnshī bù shǎo.

中：特别 是 女式 衬衫, 更 是 这样。那么, 你们 有
Tèbié shì nǚshì chènshān, gèng shì zhèyàng. Nàme, nǐmen yǒu

什么 特别 要求 吗？
shénme tèbié yāoqiú ma?

日：我 带来 包装 样品, 供 你们 参考。每 件 衬衫
Wǒ dàilai bāozhuāng yàngpǐn, gōng nǐmen cānkǎo. Měi jiàn chènshān

外面 用 玻璃纸 包装, 放在 纸盒 内。然后 装入
wàimiàn yòng bōlizhǐ bāozhuāng, fàngzài zhǐhé nèi. Ránhòu zhuāngrù

卡通 纸箱。每 箱 四 打 四 种 不同 尺码。
kǎtōng zhǐxiāng. Měi xiāng sì dá sì zhǒng bùtóng chǐmǎ.

中：这个 要求 是 合理 的。我们 可以 通知 生产
Zhège yāoqiú shì hélǐ de. Wǒmen kěyǐ tōngzhī shēngchǎn

工厂 按 此 要求 包装。
gōngchǎng àn cǐ yāoqiú bāozhuāng.

日：此外, 品牌 标签 要 小 些。
Cǐwài, pǐnpái biāoqiān yào xiǎo xiē.

中：您 是 指 附在 衬衫 上 的 吗？
Nín shì zhǐ fùzài chènshān shàng de ma?

日：是 的。小 一些, 设计 得 朴素 一些, 效果 会 更
Shì de. Xiǎo yìxiē, shèjì de pǔsù yìxiē, xiàoguǒ huì gèng

好。
hǎo.

中：这个 容易 做到。不过……
　　Zhège róngyì zuòdào. Búguò......

日：不过 什么？
　　Búguò shénme?

中：这样 要 增加 生产 成本，谁 来 支付？
　　Zhèyàng yào zēngjiā shēngchǎn chéngběn, shuí lái zhīfù?

日：由 我们 买方 支付。质量 好，再 加上 精美 的
　　Yóu wǒmen mǎifāng zhīfù. Zhìliàng hǎo, zài jiāshàng jīngměi de

　　包装 不 愁 没有 销路。
　　bāozhuāng bù chóu méiyǒu xiāolù.

中：好，这 就 好 办。看来，我们 得 稍稍 修改 一下
　　Hǎo, zhè jiù hǎo bàn. Kànlai, wǒmen děi shāoshāo xiūgǎi yíxià

　　合同，特别 是 关于 包装 及 价格 这 两 部分。
　　hétóng, tèbié shì guānyú bāozhuāng jí jiàgé zhè liǎng bùfen.

日：好 的。我们 明天 可 签订 合同，是 吗？
　　Hǎo de. Wǒmen míngtiān kě qiāndìng hétóng, shì ma?

中：是 的。明天 上午 十 点，就 在 我们 公司 签订，
　　Shì de. Míngtiān shàngwǔ shí diǎn, jiù zài wǒmen gōngsī qiāndìng,

　　好 吗？
　　hǎo ma?

日：谢谢。我 明天 准时 来。
　　Xièxie. Wǒ míngtiān zhǔnshí lái.

語釈

再次	zàicì	[副]	もう一度
糖	táng	[名]	砂糖
加	jiā	[動]	入れる
牛奶	niúnǎi	[名]	ミルク
意见	yìjian	[名]	異論
水平	shuǐpíng	[名]	レベル
理想	lǐxiǎng	[形]	理想的な
差	chà	[形]	劣っている
销售	xiāoshòu	[動]	販売する
另	lìng	[代]	別の
进口	jìnkǒu	[動]	輸入する
批	pī	[量]	大量の品物を数える
销售不出	xiāoshòubuchū	[動]	売れない
衬衫	chènshān	[名]	ブラウス、ワイシャツ
供	gōng	[動]	提供する
玻璃纸	bōlizhǐ	[名]	セロハン紙
纸盒	zhǐhé	[名]	紙箱
然后	ránhòu	[接]	それから
装入	zhuāngrù	[動]	入れる
卡通纸箱	kǎtōng zhǐxiāng	[名]	カートン紙箱
尺码	chǐmǎ	[名]	サイズ
品牌	pǐnpái	[名]	ブランド
标签	biānqiān	[名]	ラベル
指	zhǐ	[動]	指す
附	fù	[動]	付ける
设计	shèjì	[動]	デザインする
朴素	pǔsù	[形]	地味である
做到	zuòdào	[動]	やり遂げる
成本	chéngběn	[名]	コスト
支付	zhīfù	[動]	支払う
买方	mǎifāng	[名]	買い手
精美	jīngměi	[形]	精巧で美しい
愁	chóu	[動]	心配させる
销路	xiāolù	[名]	売れ行き
稍稍	shāoshāo	[副]	ちょっと
修改	xiūgǎi	[動]	修正する
准时	zhǔnshí	[副]	時間通りに

> **訳文**

中：山本さん、また上海へようこそおいで下さいました。お掛け下さい。お茶にしますか、それともコーヒーにしますか。

日：今度はコーヒーにします。砂糖はいりませんが、ミルクを少し入れてください。

中：絹のブラウスについてのファックスを受け取りました。包装についてご意見があるそうですね。

日：はい、そうです。見本を受け取りました。品質はいいと思います。生地と仕立ての水準にも満足していますが、包装だけは十分でないと思います。

中：よくわかりました。私たちの経験では、中国の商品は品質は悪くないのですが、包装のせいで、販売に影響を及ぼすことがあります。

日：その通りです。日本では包装がとても大切です。去年、我が社は他の会社から中国の衣料を輸入しましたが、包装がまずかったので、売れなくてとても損をしました。

中：特にブラウスの場合は、もっとそうなんですね。では、なにか特別のご要望がありますか。

日：包装の見本は持って来ました。ご参考になさってください。全てのブラウスをセロハンで包んで、紙箱に入れます。それから、カートン紙箱に入れます。一つのカートン紙箱に4ダース、4種類の違うサイズのものを入れて下さい。

中：ご要望は合理的です。メーカーに知らせてご希望通りに包装してもらいます。

日：また、ブランドのラベルを小さくして下さい。

中：ブラウスにつけているものですか。

日：そうです。小さくして地味なデザインにすれば、もっと効果的になります。

中：それはたやすくできますが、でも……

日：でもって、なんですか。

中：そのようにすれば、コストが増えますが、誰が支払いをしますか。

日：私たち買い手が支払います。品質が良くて、包装もきれいであれば、売れ

91

行きを心配する必要はありません。
中：それならいいです。それでは、契約をちょっと書き直さねばなりません。特に包装と価格に関する部分です。
日：結構です。明日契約を結ぶことができますね。
中：はい。明日午後10時に我が社で契約を結んでは如何ですか。
日：ありがとうございます。明日時間通りに参ります。

実 践 練 習

CD23 1 次の文を繰り返し音読し、日本語に訳しなさい。

A：下面我们商量一下包装问题吧。

B：可以，是包装条件吧。

A：是的，关于包装条件，请使用适合于远距离海运并且防潮、防锈、防震及经得住搬运的坚固木箱包装。

B：好的，这没有问题。

A：电气制品，请使用集装箱。

B：要使用集装箱，有的产品就要逐个包装使用瓦楞纸箱。

A：可以。在每只箱子上，请清楚地印上毛重、净重、箱号、体积、防潮、切勿倒置、小心轻放等字样及货物标记。

B：好的，明白了。

A：还有，如果货物单件重量超过 9 顿或长度超过10米或宽度和高度超过 3 米时，请逐个标明毛重和轮廓尺寸，通知给我们公司。

B：什么时候通知为好？

A：请与装船通知一起通知我们。

B：明白了。今天所谈的内容，我们一定转告给业务员，请放心。

A：那就拜托了。

ピンイン

A：Xiàmiàn wǒmen shāngliang yíxià bāozhuāng wèntí ba.
B：Kěyǐ, shì bāozhuāng tiáojiàn ba.
A：Shì de, guānyú bāozhuāng tiáojiàn, qǐng shǐyòng shìhé yú yuǎn jùlí hǎiyùn bìngqiě fángcháo、fángxiù、fángzhèn jí jīngdezhù bānyùn de jiāngù mùxiāng bāozhuāng.
B：Hǎo de, zhè méiyǒu wèntí.
A：Diànqí zhìpǐn, qǐng shǐyòng jízhuāngxiāng.
B：Yào shǐyòng jízhuāngxiāng, yǒude chǎnpǐn jiù yào zhúgè bāozhuāng shǐyòng wǎléngzhǐxiāng.
A：Kěyǐ. Zài měi zhǐ xiāngzi shàng, qǐng qīngchu de yìnshang máozhòng、jìngzhòng、xiānghào、tǐjī、fángcháo、qiè wù dàozhì、xiǎoxīn qīngfàng děng zìyàng jí huòwù biāojì.
B：Hǎo de, míngbai le.
A：Háiyǒu, rúguǒ huòwù dānjiàn zhòngliàng chāoguò jiǔ dūn huò chángdù chāoguò shí mǐ huò kuāndù hé gāodù chāoguò sān mǐ shí, qǐng zhúgè biāomíng máozhòng hé lúnkuò chǐcùn, tōngzhī gěi wǒmen gōngsī.
B：Shénme shíhou tōngzhī wéi hǎo？

A：Qǐng yǔ zhuāngchuán tōngzhī yìqǐ tōngzhī wǒmen.
B：Míngbai le. Jīntiān suǒ tán de nèiróng, wǒmen yídìng zhuǎngào gěi yèwùyuán, qǐng fàngxīn.
A：Nà jiù bàituō le.

2 次の文を中国語に訳しなさい。

1．包装材料は何を選ぶおつもりですか。

2．一流の製品には一流の包装が必要です。

3．これは荷造り不完全による損害だと思います。

4．包装が不良の原因で生じた損失は売り手で負担します。

5．麻袋詰めでしたら、1トン当たり10ドル増しです。

6．堅牢で、しかも費用が少なくて済む包装が望ましいです。

7．包装に特別なご要望があれば、特別料金を申し受けます。

8．この装置は組み立てたまま、木箱に入れて送ってください。

9．今日は包装について相談したいのですが、よろしいでしょうか。

10. 経済的な面から見て、紙箱でしたら目方の軽減で運賃の節約もできます。

語釈

适合 shìhé	[動] 適合する	净重 jìngzhòng	[名] 純量
并且 bìngqiě	[接] しかも	切 qiè	[副] 絶対に
防潮 fángcháo	[動] 湿気を防ぐ	勿 wù	[副] 〜してはいけない
防锈 fángxiù	[動] さびを防ぐ	倒置 dàozhì	[動] 逆さまにする
防震 fángzhèn	[動] 振動を防ぐ	小心 xiǎoxīn	[動] 気をつける
经得住 jīngdezhù	[動] 耐えられる	轻 qīng	[形] そっと
坚固 jiāngù	[形] しっかりしている	字样 zìyàng	[名] 字句
		标记 biāojì	[名] 記号
集装箱 jízhuāngxiāng	[名] コンテナー	长度 chángdù	[名] 長さ
逐个 zhúgè	[副] 一つずつ	宽度 kuāndù	[名] 広さ
瓦楞纸箱 wǎléng zhǐxiāng		标明 biāomíng	[動] 表示する
	[名] 段ボール箱	轮廓 lúnkuò	[名] アウトライン
印 yìn	[動] 印刷する	尺寸 chǐcùn	[名] 寸法
毛重 máozhòng	[名] 総重量	转告 zhuǎngào	[動] 伝言する

第 10 课

CD24

付款（支払い）

> 貿易を少し難しくしている理由の一つは、代金決済の特異性にある。貿易取引の場合は貨物証券などの書類を代金と引き換えに買い手に渡す方法がある。これは「書類引換渡し」と呼ばれ、船積書類などを輸入者が直接、輸出者に渡し、引き換えに代金を受け取る方法で、外国へ行かなければならないことや、決済が不安定になりやすいこともあって、あまり多く利用されていない。
>
> 貿易取引によく用いられるのは、前払い、後払いの方法である。支払いに懸念のない国の信頼できる相手とはこの方法で決済されることが多い。

日：李 经理，现在 我们 来 谈谈 付款 方式。
　　Lǐ jīnglǐ, xiànzài wǒmen lái tántan fùkuǎn fāngshì.

中：好 的。贵 公司 用 哪 一 种 货币 结算？
　　Hǎo de. Guì gōngsī yòng nǎ yì zhǒng huòbì jiésuàn?

日：用 日元、美元 两 种 都 可以。
　　Yòng rìyuán, měiyuán liǎng zhǒng dōu kěyǐ.

中：我们 上海 公司 经常 用 美元 结算。
　　Wǒmen Shànghǎi gōngsī jīngcháng yòng měiyuán jiésuàn.

日：这里 有 一 个 汇率 问题。
　　Zhèlǐ yǒu yí ge huìlǜ wèntí.

中：是 的。我 想 以 签订 合同 这 一 天 的 汇率
　　Shì de. Wǒ xiǎng yǐ qiāndìng hétóng zhè yì tiān de huìlǜ

　　为 准，您 同意 吗？
　　wéi zhǔn, nín tóngyì ma?

日：公平 合理。那么，付款 条件 呢？
　　Gōngpíng hélǐ. Nàme, fùkuǎn tiáojiàn ne?

中：我们 采用 不同 的 方法。一 种 是 买方 先 付
Wǒmen cǎiyòng bùtóng de fāngfǎ. Yì zhǒng shì mǎifāng xiān fù

百 分之 三十 订金，余款 百 分之 七十 货 到
bǎi fēnzhī sānshí dìngjīn, yúkuǎn bǎi fēnzhī qīshí huò dào

后 用 电汇 支付。
hòu yòng diànhuì zhīfù.

日：第二 种 呢？
Dì-èr zhǒng ne?

中：第二 种 是 用 国际 贸易 中 常用 的，即
Dì-èr zhǒng shì yòng guójì màoyì zhōng chángyòng de, jí

买方 开具 不可 撤消 百 分之 百 即期 信用证。
mǎifāng kāijù bùkě chèxiāo bǎi fēnzhī bǎi jíqī xìnyòngzhèng.

日：信用证 的 有效期 为 多少 天？
Xìnyòngzhèng de yǒuxiàoqī wéi duōshao tiān?

中：一般 说 来，装船 后 三十 天 为止。
Yìbān shuō lai, zhuāngchuán hòu sānshí tiān wéizhǐ.

日：我 想，我们 还是 用 信用证 的 付款 方式。
Wǒ xiǎng, wǒmen háishi yòng xìnyòngzhèng de fùkuǎn fāngshì.

要求 什么 时候 开 信用证？
Yāoqiú shénme shíhou kāi xìnyòngzhèng?

中：请 在 装船 前 三十 天 开出 信用证。
Qǐng zài zhuāngchuán qián sānshí tiān kāichu xìnyòngzhèng.

日：好像 太 早了 一点。
Hǎoxiàng tài zǎole yìdiǎn.

中：不 早。我们 要 联系 仓库 码头，还 要 办 出口
Bù zǎo. Wǒmen yào liánxì cāngkù mǎtou, hái yào bàn chūkǒu

手续，要 这些 时间。
shǒuxù, yào zhèxiē shíjiān.

日：请 告诉 我 贵 公司 的 往来 银行 的 英文
Qǐng gàosu wǒ guì gōngsī de wǎnglái yínháng de yīngwén

名字 及 地址。
míngzì jí dìzhǐ.

中：王　小姐　已　准备好　所有　必要　的　文件　及
Wáng xiǎojiě yǐ zhǔnbèihǎo suǒyǒu bìyào de wénjiàn jí

资料。
zīliào.

日：谢谢。
Xièxie.

語釈

付款 fùkuǎn	［動］お金を払う	不可 bùkě	［能願］できない
货币 huòbì	［名］貨幣	撤消 chèxiāo	［動］取り消す
结算 jiésuàn	［動］決算する	即期 jíqī	［名］一覧払い
汇率 huìlǜ	［名］為替レート	装船 zhuāngchuán	［動］船積みする
准 zhǔn	［名］基準	为止 wéizhǐ	［動］〜までで終わる
公平 gōngpíng	［形］公正な	开 kāi	［動］作成する
订金 dìngjīn	［名］手付金	码头 mǎtou	［名］埠頭
余款 yúkuǎn	［名］余ったお金	往来 wǎnglái	［動］交際する
电汇 diànhuì	［名］電信為替	所有 suǒyǒu	［形］すべての
开具 kāijù	［動］書類を作成する		

> **訳文**

日：李部長、これから支払い方法について打ち合わせましょうか。
中：はい。貴社はどの通貨で決済されますか。
日：円建てでも、米ドル建てでも結構です。
中：上海の会社は、いつも米ドルで決済しています。
日：それには、為替レートという問題がありますね。
中：そうです。契約調印当日の為替レートを基準にしたいのですが、よろしいですか。
日：公正で合理的です。では、支払い条件は。
中：私たちは異なった方法を取っています。一つは、買い手が先ず30％の手付金を払います。残りの70％は品物が着いてから、電信為替で支払います。
日：もう一つは。
中：もう一つは、国際取引でよく用いられる方法です。つまり、買い手が100％取り消し不能一覧払い信用状を開設することです。
日：信用状の有効期限は、どれくらいですか。
中：普通は船積み後30日です。
日：信用状の支払い方法にしたほうがいいと思います。いつ信用状を開設してほしいですか。
中：船積みの30日前にしてください。
日：ちょっと早すぎるようですね。
中：いや、早くはありません。私たちは、倉庫や埠頭を手配したり、輸出の手続きもしなければなりませんので、それぐらいの時間が必要です。
日：貴社の取引銀行の英語の名前と住所を教えてください。
中：王さんがすでに必要な書類と資料を用意しています。
日：ありがとうございました。

実践練習

CD25　1　次の文を繰り返し音読し、日本語に訳しなさい。

A：李先生，听说有关前几天的报价问题您还有要说的事情，是什么事情？

B：是的，报价方面的研究就要结束了。因此，我想请您来，一起商谈交易条件。

A：您说的交易条件指的是……

B：首先，用什么货币计价？

A：希望用日元计价。

B：用日元计价？用美元计价怎么样？

A：由于美元和日元的兑换比率不稳定，所以确定合同比率很麻烦。

B：是的，可以按日元计价。还有结算条件是怎样的？

A：用FOB横滨港船上交货价，您看怎么样？

B：可以。

A：还有付款条件是，希望以100％的不可撤消的见票即付信用证。

B：全部金额都用信用证吗？如果是限期汇票的话也可以……既然是贵方的愿望就那样办吧。

A：谢谢。信用证的开证银行是哪家？

B：北京的中国银行总店。

A：明白了。

ピンイン

A: Lǐ xiānsheng, tīngshuō yǒuguān qián jǐ tiān de bàojià wèntí nín hái yǒu yào shuō de shìqing, shì shénme shìqing?
B: Shì de, bàojià fāngmiàn de yánjiū jiùyào jiéshù le. Yīncǐ, wǒ xiǎng qǐng nín lái, yìqǐ shāngtán jiāoyì tiáojiàn.
A: Nín shuō de jiāoyì tiáojiàn zhǐ de shì……
B: Shǒuxiān, yòng shénme huòbì jìjià?
A: Xīwàng yòng rìyuán jìjià.
B: Yòng rìyuán jìjià? Yòng měiyuán jìjià zěnmeyàng?
A: Yóuyú měiyuán hé rìyuán de duìhuàn bǐlǜ bù wěndìng, suǒyǐ quèdìng hétóng bǐlǜ hěn máfan.
B: Shì de, kěyǐ àn rìyuán jìjià. Háiyǒu jiésuàn tiáojiàn shì zěnyàng de?
A: Yòng FOB Héngbīn gǎng chuán shàng jiāohuòjià, nín kàn zěnmeyàng?
B: Kěyǐ.

A：Háiyǒu fùkuǎn tiáojiàn shì, xīwàng yǐ bǎifēnzhī bǎi de bùkě chèxiāo de jiànpiào jí fù xìnyòngzhèng.
B：Quánbù jīn'é dōu yòng xìnyòngzhèng ma？Rúguǒ shì xiànqī huìpiào dehuà yě kěyǐ……jìrán shì guìfāng de yuànwàng jiù nàyàng bàn ba.
A：Xièxie. Xìnyòngzhèng de kāizhèng yínháng shì nǎ jiā？
B：Běijīng de Zhōngguó yínháng zǒngdiàn.
A：Míngbai le.

2 次の文を中国語に訳しなさい。

1．決済は信用状で行います。

2．率直に言って、これ以上譲歩は無理です。

3．これから、支払い条件について話し合いましょう。

4．支払いは送り状の日付けから30日以内とします。

5．積荷証券が届き次第、確認してお支払いいたします。

6．今回は即時払い方式を承諾しますが、今回だけです。

7．支払いの遅延については月2％の手数料を申し受けます。

8．支払い条件について、確認していただきたいことがあります。

9．日本の銀行、証券会社はけっこう国際競争力を持っています。

_____

10．わが社でよく検討したうえで、改めてこちらからご連絡いたします。

_____

語釈

就要 jiùyào	[副] まもなく	
结束 jiéshù	[動] 終わる	
交易 jiāoyì	[名] 取引	
计价 jìjià	[動] 価格を計算する	
兑换比率 duìhuàn bǐlǜ	[名] 為替レート	
稳定 wěndìng	[形] 安定している	
麻烦 máfan	[形] 煩わしい	
见票即付 jiànpiàojífù	[名] 一覧払い	
汇票 huìpiào	[名] 為替手形	
开征 kāizhèng	[動] 信用状を出す	
总店 zǒngdiàn	[名] 本店	

第 11 课

CD26

装船（船積み）

　　海上貨物の場合は、海運貨物取扱業者は検量業者に容積重量証明書を発行してもらった後、貨物を保税地域に搬入し税関に輸出申告する。輸出許可になれば、海運貨物取扱業者の作成した輸出申告書の一部に、輸出を許可する旨の税関印が押される。これが輸出許可証となるのである。その後、海運貨物取扱業者は船会社に船積みを申し込む。船会社は、ブッキング・リストと突合せの上、本船の船長に対する船積指図書を発行する。コンテナ船の場合は、貨物受取書が発行される。これによって、船への積み込みが行われる。船積みが終わると、本船の責任者がメイツ・レシートを発行する。

中：山本先生，关于丝绸女衬衫的价格、数量、包装、付款、方式等主要问题都已谈妥。现在该吃中饭了。我们共进午餐吧。
Shānběn xiānsheng, guānyú sīchóu nǚ chènshān de jiàgé, shùliàng, bāozhuāng, fùkuǎn, fāngshì děng zhǔyào wèntí dōu yǐ tántuǒ. Xiànzài gāi chī zhōngfàn le. Wǒmen gòng jìn wǔcān ba.

日：是的，刚才我们谈妥，价格是 FOB 价。说真的，我很关心运输问题。
Shì de, gāngcái wǒmen tántuǒ, jiàgé shì FOB jià. Shuō zhēn de, wǒ hěn guānxīn yùnshū wèntí.

中：不急，我们可以边吃边谈。今天我请客。
Bù jí, wǒmen kěyǐ biān chī biān tán. Jīntiān wǒ qǐngkè.

日：李先生，关于运输问题，您有什么高见？
Lǐ xiānsheng, guānyú yùnshū wèntí, nín yǒu shénme gāojiàn?

105

中：我 认为，在 上海 装运 比较 合适。这些 衬衫
　　Wǒ rènwéi, zài Shànghǎi zhuāngyùn bǐjiào héshì. Zhèxiē chènshān
　　在 苏州 工厂 制造，苏州 离 上海 不 远，铁路
　　zài Sūzhōu gōngchǎng zhìzào, Sūzhōu lí Shànghǎi bù yuǎn, tiělù
　　运输 很 方便。
　　yùnshū hěn fāngbiàn.

日：是 的。上海 与 大阪 之间 每 周 有 三 个
　　Shì de. Shànghǎi yǔ Dàbǎn zhījiān měi zhōu yǒu sān ge
　　航班。上海港 世界 闻名，吞吐量 也 很 大，只是
　　hángbān. Shànghǎigǎng shìjiè wénmíng, tūntǔliàng yě hěn dà, zhǐshì
　　听说 最近 港口 积压 的 货 很 多，一时 装运
　　tīngshuō zuìjìn gǎngkǒu jīyā de huò hěn duō, yìshí zhuāngyùn
　　有 困难。
　　yǒu kùnnan.

中：这 要 看 什么 时候，到 9 月份 估计 问题 不
　　Zhè yào kàn shénme shíhou, dào jiǔ yuèfen gūjì wèntí bú
　　大。
　　dà.

日：但愿 如此，我 看 就 这么 定 吧。不过，有关
　　Dànyuàn rúcǐ, wǒ kàn jiù zhème dìng ba. Búguò, yǒuguān
　　报关 等 问题，烦 请 贵 公司 协助。
　　bàoguān děng wèntí, fán qǐng guì gōngsī xiézhù.

中：没有 问题。我们 接到 贵 公司 的 信用证 后，
　　Méiyǒu wèntí. Wǒmen jiēdào guì gōngsī de xìnyòngzhèng hòu,
　　立即 安排 装运 事务。
　　lìjí ānpái zhuāngyùn shìwù.

日：谢谢。我 会 尽快 通告 我们 租用 的 船名、
　　Xièxie. Wǒ huì jǐnkuài tōnggào wǒmen zūyòng de chuánmíng,
　　航次、起航 日期 和 预定 到达 日期。
　　hángcì, qǐháng rìqī hé yùdìng dàodá rìqī.

中：请 放心，我们 公司 的 船务部 会 帮助 你们 的。
　　Qǐng fàngxīn, wǒmen gōngsī de chuánwùbù huì bāngzhù nǐmen de.

　　装船 后，我们 会 把 提货单 等 其他 文件 用
　　Zhuāngchuán hòu, wǒmen huì bǎ tíhuòdān děng qítā wénjiàn yòng

　　特快 邮件 寄往 日本。
　　tèkuài yóujiàn jìwǎng Rìběn.

日：谢谢！看来，我们 的 合作 真 愉快。
　　Xièxie! Kànlai, wǒmen de hézuò zhēn yúkuài.

中：有 一 个 好 的 合作 伙伴，做 生意 很 顺利。
　　Yǒu yí ge hǎo de hézuò huǒbàn, zuò shēngyi hěn shùnlì.

日：上次 茶叶 做 得 很 好，这次 丝绸 衬衫 也
　　Shàngcì cháyè zuò de hěn hǎo, zhècì sīchóu chènshān yě

　　一定 会 成功。让 我们 干上 一 杯。
　　yídìng huì chénggōng. Ràng wǒmen gānshàng yì bēi.

中：干杯！
　　Gānbēi!

語釈

谈妥 tántuǒ	[動]	話がまとまる
中饭 zhōngfàn	[名]	昼食
共 gòng	[副]	一緒に
进餐 jìncān	[動]	食事をする
关心 guānxīn	[動]	気にかける
急 jí	[動]	あせる
边…边… biān…biān…		～しながら～する
请客 qǐngkè	[動]	おごる
高见 gāojiàn	[名]	ご意見
航班 hángbān	[名]	船の便
闻名 wénmíng	[形]	名高い
吞吐量 tūntǔliàng	[名]	貨物取扱量
只是 zhǐshì	[接]	ただ
积压 jīyā	[動]	品物を寝かせる
装运 zhuāngyùn	[動]	輸送する
估计 gūjì	[動]	推測する
但愿 dànyuàn	[動]	願わくは～でありたい
报关 bàoguān	[動]	通関手続きをする
协助 xiézhù	[動]	協力する
立即 lìjí	[副]	すぐに
安排 ānpái	[動]	段取りをつける
尽快 jǐnkuài	[副]	なるべく早く
租用 zūyòng	[動]	賃借りする
航次 hángcì	[名]	就航の順序
起航 qǐháng	[動]	出航する
船务部 chuánwùbù	[名]	用船事務部
提货单 tíhuòdān	[名]	船積証券
文件 wénjiàn	[名]	書類
特快 tèkuài	[形]	特急の
伙伴 huǒbàn	[名]	仲間
生意 shēngyi	[名]	商売

> **訳文**

中：山本さん、絹のブラウスの価格や数量、包装と支払い方法などの主な問題について、すでに話がまとまりましたね。今から昼食を食べに行くべきですよ。一緒に昼食を食べましょう。

日：はい。先ほど話がまとまった価格はFOBですね。正直に言って、運送のことが気にかかります。

中：焦らないで、食事をしながら相談すればいいです。今日は、私がご馳走しましょう。

日：李さん、運送のことについて何かご意見はありませんか。

中：上海で船積みしたほうがいいと思います。これらのブラウスは蘇州の工場で作っています。蘇州は上海に近いので、鉄道運送だったらとても便利です。

日：そうですね。上海と大阪の間には週に定期便が３回ありますね。上海港は世界で有名で、貨物取扱量も多いです。ただ、最近、港に貨物がたくさんたまっているので、しばらくは船積みが難しいそうです。

中：九月になればあまり問題はないと思います。

日：そうあってくれればいいですね。それじゃ、そうしましょう。通関手続きなどについて、ご協力をお願いいたします。

中：大丈夫です。貴社の信用状を受け取ってから、すぐ船積みのことを手配します。

日：ありがとう。私はできるだけ早く本船の船名、就航の順序、出航日と到着予定日をお知らせします。

中：我が社の用船事務部がご協力しますので、ご安心下さい。船積み後、船荷証券などの書類を速達で日本へお送りします。

日：ありがとう。私たちの協力は本当に楽しいですね。

中：よいパートナーがいれば、商売がスムーズにできます。

日：この前のお茶の取引は順調でした。今回の絹のブラウスもきっと成功すると思います。

中：乾杯しましょう。

日：乾杯！

実 践 練 習

CD27 1 次の文を繰り返し音読し、日本語に訳しなさい。

A：那么，装远港是哪个？

B：对我们公司来说，天津比大连方便，所以打算用天津港。卸货港定了吗？

A：唉，卸货港就按贵方所希望的放在大阪了。什么时候才能交货呢？

B：第一批货是11月下旬，第二批准备在12月下旬交货。

A：12月下旬接近元旦了。能不能12月上旬交货？

B：12月上旬不太可能，最早也得12月中旬。

A：那就12月中旬吧。

B：装船时必须要信用证，请务必在装船前30天将信用证开过来。

A：是，知道了。不过您也得在装船月份的前一个月将装船的日子通知我方。

110

B：好，一定通知贵方。

ピンイン

> A：Nàme, zhuāngyùngǎng shì nǎge ?
> B：Duì wǒmen gōngsī láishuō, Tiānjīn bǐ Dàlián fāngbiàn, suǒyǐ dǎsuan yòng Tiānjīn gǎng. Xièhuògǎng dìngle ma ?
> A：Ai, xièhuògǎng jiù àn guìfāng suǒ xīwàng de fàngzài Dàbǎn le. Shénme shíhou cái néng jiāohuò ne ?
> B：Dì-yī pī huò shì shíyíyuè xiàxún, Dì-èr pī zhǔnbèi zài shí'èryuè xiàxún jiāohuò.
> A：Shí'èryuè xiàxún jiējìn yuándàn le. Néng bu néng shí'èryuè shàngxún jiāohuò ?
> B：Shí'èryuè shàngxún bú tài kěnéng, zuì zǎo yě děi shí'èryuè zhōngxún.
> A：Nà jiù shí'èryuè zhōngxún ba.
> B：Zhuāngchuán shí bìxū yào xìnyòngzhèng, qǐng wùbì zài zhuāngchuán qián sānshí tiān jiāng xìnyòngzhèng kāi guolai.
> A：Shì, zhīdao le. Búguò nín yě děi zài zhuāngchuán yuèfèn de qián yí ge yuè jiāng zhuāngchuán de rìzi tōngzhī wǒfāng.
> B：Hǎo, yídìng tōngzhī guìfāng.

2　次の文を中国語に訳しなさい。

1．配船してください。

2．貨物の船積みに何日かかりますか。

3．仕向港を横浜に変更したいのですが。

4．当方で責任を持って船をチャーターします。

5．信用状が到着しだい、船積みをいたします。

6．荷渡しを半月繰り上げていただけませんか。

7．船積期限を延長していただきたいのですが。

8．当方といたしましては、9月末積みが精いっぱいです。

9．この注文品はいつでも船積みできるようになっています。

10．気候の関係で、仕向港への入港は2、3日ぐらい遅れる見込みです。

語釈

装运港 zhuāngyùngǎng　［名］船積港
卸货港 xièhuògǎng　［名］陸揚港
一批　yìpī　［量］ロット（荷物を組・口に分けて数える）
准备 zhǔnbèi　［動］～するつもりである
接近 jiējìn　［動］近づく
将　jiāng　［介］～を
我方 wǒfāng　［名］我が方
贵方 guìfāng　［名］あなたの方

第 12 课

CD28

保险（保険）

> 海上保険という表現は、船による貨物輸送に関する保険のことだけをいうのではない。通常は、海上貨物・航空貨物のいずれも含まれる。
>
> 海上保険は海難または航海に関する事故によって生ずる損害を補償する保険で、保険会社が海上輸送中に生ずる危険を引き受け、これに基づく損害が起こったとき、被保険者にその損害を償うことを契約し、その報酬として保険契約者から保険料が支払われる。これは船舶保険と貨物保険とに大別される。

日：王 小姐, 我 已 与 贵 公司 签定了 合同, 这
　　Wáng xiǎojiě, wǒ yǐ yǔ guì gōngsī qiāndìngle hétóng, zhè

　　是 我们 第二 笔 贸易, 十分 成功。谢谢 您 的
　　shì wǒmen dì-èr bǐ màoyì, shífēn chénggōng. Xièxie nín de

　　努力 与 帮助。
　　nǔlì yǔ bāngzhù.

中：良好 的 开端 是 成功 的 一半。
　　Liánghǎo de kāiduān shì chénggōng de yíbàn.

日：我 还 有 一 件 事, 烦 请 您 帮助 一下, 行
　　Wǒ hái yǒu yí jiàn shì, fán qǐng nín bāngzhù yíxià, xíng

　　吗？
　　ma?

中：十分 乐意, 我 尽力而为。
　　Shífēn lèyì, wǒ jìnlì'érwéi.

日：我 想 在 上海 联系 一 家 保险 公司, 不知可否
　　Wǒ xiǎng zài Shànghǎi liánxì yì jiā bǎoxiǎn gōngsī, bùzhi-kěfǒu

113

介绍 一下。
jièshào yíxià.

中：我们 与 上海 ×× 保险 公司 有 长期 的 业务
Wǒmen yǔ Shànghǎi ×× bǎoxiǎn gōngsī yǒu chángqī de yèwù

往来。
wǎnglái.

日：有 他们 的 地址 吗？
Yǒu tāmen de dìzhǐ ma?

中：这 是 ×× 保险 公司 国际部 业务员 张 先生
Zhè shì ×× bǎoxiǎn gōngsī guójìbù yèwùyuán Zhāng xiānsheng

的 名片。您 准备 什么 时候 去？
de míngpiàn. Nín zhǔnbèi shénme shíhou qù?

日：今天 下午 三 点 左右。
Jīntiān xiàwǔ sān diǎn zuǒyòu.

中：可以。我 会 先 给 他 挂 个 电话。
Kěyǐ. Wǒ huì xiān gěi tā guà ge diànhuà.

日：那 就 谢谢 啦。
Nà jiù xièxie la.

中：不 客气。
Bú kèqi.

· · · · · · ·

中：您 好！
Nín hǎo!

日：您 好！我 是 日本 ×× 公司，今天 是 到
Nín hǎo! Wǒ shì Rìběn ×× gōngsī, jīntiān shì dào

贵 公司 来 投保 的。
guì gōngsī lái tóubǎo de.

中：我 姓 张，是 ×× 保险 公司 国际部 的 业务
Wǒ xìng Zhāng, shì ×× bǎoxiǎn gōngsī guójìbù de yèwù

员。××公司的王小姐已来过电话,谢谢
yuán. ×× gōngsī de Wáng xiǎojiě yǐ láiguo diànhuà, xièxie

您光顾本公司。
nín guānggù běn gōngsī.

日：譬如,我们公司有一批中国丝绸衬衫,从
Pìrú, wǒmen gōngsī yǒu yì pī Zhōngguó sīchóu chènshān, cóng

上海运往大阪,贵公司能保什么险？
Shànghǎi yùnwǎng Dàbǎn, guì gōngsī néng bǎo shénme xiǎn?

中：我们公司可以办理海运、陆运和空运的
Wǒmen gōngsī kěyǐ bànlǐ hǎiyùn、lùyùn、hé kōngyùn de

所有险别。请您先看看这份说明书,然后
suǒyǒu xiǎnbié. Qǐng nín xiān kànkan zhè fèn shuōmíngshū, ránhòu

再决定。
zài juédìng.

日：好的。说明书写得很详细。我看只要报
Hǎo de. Shuōmíngshū xiě de hěn xiángxì. Wǒ kàn zhǐyào bào

平安险就可以了。
píng'ānxiǎn jiù kěyǐ le.

中：当然,哪些项目需要保险由贵公司自己
Dāngrán, nǎxiē xiàngmù xūyào bǎoxiǎn yóu guì gōngsī zìjǐ

选择决定。依我看,再加水渍险和附加
xuǎnzé juédìng. Yī wǒ kàn, zài jiā shuǐzìxiǎn hé fùjiā

破碎险,可能会更好些。
pòsuìxiǎn, kěnéng huì gèng hǎo xiē.

日：您说得很有道理。
Nín shuō de hěn yǒu dàolǐ.

中：请填一下投保单。投保单是中英文对照,
Qǐng tián yíxià tóubǎodān. Tóubǎodān shì Zhōng-Yīngwén duìzhào,

没有日文。
méiyǒu Rìwén.

日：没有　关系。中文　我　也　学过。被保险人　姓名、
　　Méiyǒu guānxi. Zhōngwén wǒ yě xuéguo. Bèibǎoxiǎnrén xìngmíng、

　　货物　名称、数量、总金额、运输　方式　及　船名、
　　huòwù míngchēng、shùliàng、zǒngjīn'é、yùnshū fāngshì jí chuánmíng、

　　险别、陆运港　与　目的地……对，保险费　这　一　栏……
　　xiǎnbié、lùyùngǎng yǔ mùdìdì…… duì, bǎoxiǎnfèi zhè yì lán……

中：保险费　是　这样　计算　的。首先　查明　保险率。
　　Bǎoxiǎnfèi shì zhèyàng jìsuàn de. Shǒuxiān cháming bǎoxiǎnlǜ.

　　服装　保险费率　是　百　分之　零点　二，再　附加
　　Fúzhuāng bǎoxiǎnfèilǜ shì bǎi fēnzhī língdiǎn èr, zài fùjiā

　　破碎险, 保险费　总计　为　八百　七十　美金。
　　pòsuìxiǎn, bǎoxiǎnfèi zǒngjì wéi bābǎi qīshí měijīn.

日：谢谢。
　　Xièxie.

語釈

開端 kāiduān	[名] 始まり	险别 xiǎnbié	[名] 保険の類別
烦 fán	[動] 面倒をかける	只要 zhǐyào	[接] 〜しさえすれば
乐意 lèyì	[形] 満足である		
尽力而为 jìnlì'érwéi	[連] 全力を尽くしてやる	平安险 píng'ānxiǎn	[名] 分損不担保
		水渍险 shuǐzìxiǎn	[名] 分損担保
可否 kěfǒu	[副] 〜していただけるでしょうか	破碎险 pòsuìxiǎn	[名] 破損保険
		有道理 yǒu dàolǐ	[連] 筋が通っている
挂 guà	[動] 電話をかける	投保单 tóubǎodān	[名] 保険申込書
投保 tóubǎo	[動] 保険をかける	查明 chámíng	[動] はっきり調べる
业务员 yèwùyuán	[名] 業務担当者		
光顾 guānggù	[動] ご光来を賜る	总计 zǒngjì	[動] 合計する
办理 bànlǐ	[動] 処理する		

> 訳文

日：王さん、私はすでに貴社と契約を結びました。これは私たちの２回目の取引で、とても成功でした。ご協力とご尽力ありがとうございました。
中：スタートがうまくいけばうまくいくものですね。
日：また、お願いしたいことがありますが、ご協力いただけますか。
中：喜んで尽力いたします。
日：上海で保険会社を探しているのですが、紹介してくださいませんか。
中：私たちは上海○○保険会社と長年付き合っています。
日：そこの住所分かりますか。
中：これは○○保険会社国際部業務担当の張さんの名刺です。いつ行かれるつもりですか。
日：今日の午後３時ごろです。
中：いいです。あらかじめ彼に電話をします。
日：それはありがとうございます。
中：どういたしまして。

・・・・・・

中：こんにちは。
日：こんにちは。私は日本○○会社のものです。今日は保険をかける為に貴社に来ました。
中：私は張と申します。○○保険会社国際部の業務担当でございます。○○会社の王さんからすでに電話がありました。当社においでくださりありがとうございます。
日：もし、我が社が中国の絹のブラウスを上海から大阪に運送すれば、貴社はどんな保険をかけてくれますか。
中：我が社は海上運送、陸上運送、航空運送に関する各種の保険を全て取り扱っています。この説明書をご覧になってからお決め下さい。
日：はい。説明書はとても詳しく書かれていますね。分損不担保だけでいいと思います。

中：もちろん、どの項目に保険をかけるかは、貴社が自分でお決めになるべきですが、分損保険と付加破損保険を追加すれば、もっといいかもしれません。
日：なるほど。
中：保険証券にご記入ください。保険証券は中国語と英語の対照のものです。日本語はありません。
日：大丈夫です。中国語も勉強しましたから。被保険者名、貨物名、数量、総額、運送方法及び船名、保険条件、陸運港と目的地。ああ、そうだ、保険料という欄は……。
中：保険料はこのように算出されるのです。まず、保険料率を調べます。衣料保険料率の割合は0.2％ですね。それから破損保険を加えれば、保険料は合計して870米ドルになります。
日：ありがとうございました。

実 践 練 習

CD29 1 次の文を繰り返し音読し、日本語に訳しなさい。

A：我们想请教您有关协议书的细节，您是否已经替这些货物投保了。

B：是的，我们和保险公司谈过，考虑到这个价格是以到岸价成交的，我们选择了水渍险。你们还有什么不清楚吗？

A：没有，我只是想知道货物的破损品是否包括在水渍险中，因为这些货物是易碎品。

B：事实上并非所有的破损都包括在水渍险中，只有由于自然灾害和海上意外事故所造成的破损，比如说，货船搁浅、沉没或由于着火爆炸或碰撞属于水渍险，否则就属于破损险，如果您需要我们可以加上。

A：但那属于附加险，是吗？

B：是的，并且通常都是买方承担这笔额外的保险费。

A：我明白了。如果我们换成综合险的话会怎样，还用承担破损费以外的费用吗？

B：不，不必了，破损险已包含在综合险之内，不过，保险率要高了。

ピンイン

A: Wǒmen xiǎng qǐngjiào nín yǒuguān xiéyìshū de xìjié, nín shìfǒu yǐjing tì zhèxiē huòwù tóubǎo le.

B: Shì de, wǒmen hé bǎoxiǎn gōngsī tánguo, kǎolǜ dào zhège jiàgé shì yǐ dào'ànjià chéngjiāo de, wǒmen xuǎnzéle shuǐzìxiǎn. Nǐmen hái yǒu shénme bù qīngchu ma?

A: Méiyǒu, wǒ zhǐ shì xiǎng zhīdao huòwù de pòsǔnpǐn shìfǒu bāokuò zài shuǐzìxiǎn zhōng, yīnwei zhèxiē huòwù shì yìsuìpǐn.

B: Shìshí shang bìng fēi suǒyǒu de pòsǔn dōu bāokuò zài shuǐzìxiǎn zhōng, zhǐyǒu yóuyú zìrán zāihài hé hǎishàng yìwài shìgù suǒ zàochéng de pòsǔn, bǐrú shuō, huòchuán gēqiǎn. chénmò huò yóuyú zháohuǒ bàozhà huò pèngzhuàng shǔyú shuǐzìxiǎn, fǒuzé jiù shǔyú pòsǔnxiǎn, rúguǒ nín xūyào wǒmen kěyǐ jiāshàng.

A: Dàn nà shǔyú fùijiāxiǎn, shì ma?

B: Shì de, bìngqiě tōngcháng dōu shì mǎifāng chéngdān zhè bǐ éwài de bǎoxiǎnfèi.

A: Wǒ míngbai le. Rúguǒ wǒmen huànchéng zōnghéxiǎn dehuà huì zěnyàng, hái yòng chéngdān pòsǔnfèi yǐwài de fèiyòng ma?

B: Bù, búbì le, pòsǔnxiǎn yǐ bāohán zài zōnghéxiǎn zhīnèi, búguò, bǎoxiǎnlǜ yào gāo le.

2 次の文を中国語に訳しなさい。

1．保険会社は全額賠償することを承認しました。

2．なるべく低額の保険に加入していただきたい。

3．CIF価格条件によって、単独海損担保を付けておきます。

4．やはりオール・リスクにしておいたほうが無難だと思います。

5．FOB条件ですから、保険は買い手のほうでかけることになっています。

6．全危険担保にしておかないと、万一何かあった場合、相当な損害になります。

7．うちが貴社に代わって追加付保できますが、追加保険料は貴社で支払ってください。

8．責任は船会社にあると思われますので、船会社に損害賠償を請求してください。

9．このロットの貨物は壊れやすいので、破損担保を追加しなくてはいけません。

10. 今回の取引はFOB条件で成約したものですから、貴社で付保してください。

語釈

请教	qǐngjiào	[動]	教えを請う	搁浅	gēqiǎn	[動]	座礁する
细节	xìjié	[名]	細部	着火	zháohuǒ	[動]	火がつく
替	tì	[介]	〜のために	爆炸	bàozhà	[動]	爆発する
到岸价	dào'ànjià	[名]	CIF 輸入港沖着値段	属于	shǔyú	[動]	〜に属する
				否则	fǒuzé	[接]	もしそうでなければ
成交	chéngjiāo	[動]	契約が成立する				
易碎品	yìsuìpǐn	[名]	壊れやすい商品	包含	bāohán	[動]	含まれる

122

第 13 课

CD30

商检（商品检查）

> 商品が国際市場で信用を得るのは容易なことではない。メーカーが長年の実績で顧客の信頼を得たとしても、わずかな不良品を出しただけで、信用と市場を失うことになる。商品の品質を保証するために、中国商品検査局が輸出・輸入貨物の品質、重量、包装などについて強制的に検査を実施している。また、貿易関係者から申請があれば、検査の後に、検査証明書を発行してくれる。

中：您　好，上海　××　公司。
　　Nín hǎo, Shànghǎi ×× gōngsī.

日：是　王　小姐　吗？您　好，我　是　山本。
　　Shì Wáng xiǎojiě ma? Nín hǎo, wǒ shì Shānběn.

中：山本　先生　吗？您　现在　在　什么　地方？日本　还是
　　Shānběn xiānsheng ma? Nín xiànzài zài shénme dìfang? Rìběn háishi

　　上海？
　　Shànghǎi?

日：我　已　到　上海。今晚　想　请　您　与　李　经理　吃
　　Wǒ yǐ dào Shànghǎi. Jīnwǎn xiǎng qǐng nín yǔ Lǐ jīnglǐ chī

　　饭，有　空　吗？
　　fàn, yǒu kòng ma?

中：得　看看　李　经理　有　没有　其他　安排。
　　Děi kànkan Lǐ jīnglǐ yǒu méiyǒu qítā ānpái.

日：我　明天　要　回　日本，今晚　我们　共　进　晚餐，再
　　Wǒ míngtiān yào huí Rìběn, jīnwǎn wǒmen gòng jìn wǎncān, zài

　　谈谈　另　一　笔　生意，好　吗？
　　tántan lìng yì bǐ shēngyi, hǎo ma?

123

中：好，请稍等。我请李经理接电话。
Hǎo, qǐng shāo děng. Wǒ qǐng Lǐ jīnglǐ jiē diànhuà.

日：李经理，我是山本。我想请您和王小姐
Lǐ jīnglǐ, wǒ shì Shānběn. Wǒ xiǎng qǐng nín hé Wáng xiǎojiě

两位赏光，共进晚餐。
liǎng wèi shǎngguāng, gòng jìn wǎncān.

中：商场似战场。一项谈判结束，也该轻松
Shāngchǎng sì zhànchǎng. Yí xiàng tánpàn jiéshù, yě gāi qīngsōng

一下啦。
yíxià la.

日：上次我听您说，贵公司有意进口化工
Shàngcì wǒ tīng nín shuō, guì gōngsī yǒuyì jìnkǒu huàgōng

染料及中间体。我们公司最近有一批货，
rǎnliào jí zhōngjiāntǐ. Wǒmen gōngsī zuìjìn yǒu yì pī huò,

价格很好，不知你们有兴趣吗？
jiàgé hěn hǎo, bùzhī nǐmen yǒu xìngqù ma?

中：兴趣是有的，但有些化工产品很难做。
Xìngqù shì yǒu de, dàn yǒuxiē huàgōng chǎnpǐn hěn nán zuò.

不久前，我们从欧洲一家公司进口一批
Bùjiǔ qián, wǒmen cóng Ōuzhōu yì jiā gōngsī jìnkǒu yì pī

化工产品，一切很顺利，但最后出现了麻烦。
huàgōng chǎnpǐn, yíqiè hěn shùnlì, dàn zuìhòu chūxiànle máfan.

日：什么麻烦？
Shénme máfan?

中：商检。我们收到对方的货后，发现质量有
Shāngjiǎn. Wǒmen shōudào duìfāng de huò hòu, fāxiàn zhìliàng yǒu

问题，用户有意见，提出退货。
wèntí, yònghù yǒu yìjian, tíchū tuìhuò.

日：后来呢？
Hòulái ne?

中：我们 正在 交涉 之中。因此，对 有些 化工 产品，
　　Wǒmen zhèngzài jiāoshè zhīzhōng. Yīncǐ, duì yǒuxiē huàgōng chǎnpǐn,

　　我们 做 进口 贸易 时，要求 卖方 发货 时 附
　　wǒmen zuò jìnkǒu màoyì shí, yāoqiú màifāng fāhuò shí fù

　　商检 证明，最好 是 瑞士 SGS 公司 的 商检
　　shāngjiǎn zhèngmíng, zuìhǎo shì Ruìshì SGS gōngsī de shāngjiǎn

　　证书。
　　zhèngshū.

日：SGS 公司 在 商检 方面 享有 很 好 声誉。
　　SGS gōngsī zài shāngjiǎn fāngmiàn xiǎngyǒu hěn hǎo shēngyù.

中：是 的。同时 我们 还 要求，货物 转运 到 中国，
　　Shì de. Tóngshí wǒmen hái yāoqiú, huòwù zhuǎnyùn dào Zhōngguó,

　　由 中国 商检局 进行 复验。
　　yóu Zhōngguó shāngjiǎnjú jìnxíng fùyàn.

日：我们 的 化工 产品 几 十 年 来 远销 欧美
　　Wǒmen de huàgōng chǎnpǐn jǐ shí nián lái yuǎnxiāo Ōuměi

　　许多 国家，从未 发生过 数量 及 质量 的 问题。
　　xǔduō guójiā, cóngwèi fāshēngguo shùliàng jí zhìliàng de wèntí.

　　我们 可 出具 日本 商检 机构 的 商检 证明。
　　Wǒmen kě chūjù Rìběn shāngjiǎn jīgòu de shāngjiǎn zhèngmíng.

中：我们 要 请 最终 用户 所在国 的 商检 机构
　　Wǒmen yào qǐng zuìzhōng yònghù suǒzàiguó de shāngjiǎn jīgòu

　　进行 复验。
　　jìnxíng fùyàn.

日：没有 问题。
　　Méiyǒu wèntí.

中：万一 有 出入 怎么 办？
　　Wànyī yǒu chūrù zěnme bàn?

日：可 请 双方 专家，包括 双方 商检 人员
　　Kě qǐng shuāngfāng zhuānjiā, bāokuò shuāngfāng shāngjiǎn rényuán

125

一起　进行　洽谈。
　　yìqǐ　jìnxíng　qiàtán.

中：当然，最好　不要　出现　这样　不　愉快　的　场面。
　　Dāngrán, zuìhǎo　búyào　chūxiàn　zhèyàng　bù　yúkuài　de chǎngmiàn.

日：但愿　如此！
　　Dànyuàn　rúcǐ!

中：那么，请　您　提供　一　张　染料　及　中间体　的
　　Nàme, qǐng　nín　tígōng　yì　zhāng　rǎnliào　jí　zhōngjiāntǐ　de

　　供货　清单。
　　gōnghuò qīngdān.

日：我　到　日本　后，立即　发　传真　给　您。
　　Wǒ　dào　Rìběn　hòu, lìjí　fā chuánzhēn gěi　nín.

中：谢谢！
　　Xièxie!

語釈

空 kòng	[名] 暇	卖方 màifāng	[名] 売り手
晚餐 wǎncān	[名] 夕食	发货 fāhuò	[動] 出荷する
接 jiē	[動] 受け取る	瑞士 Ruìshì	[名] スイス
赏光 shǎngguāng	[動] お越しいただく	享有 xiǎngyǒu	[動] 受けている
		声誉 shēngyù	[名] 名声
商场 shāngchǎng	[名] マーケット	商检局 shāngjiǎnjú	[名] 商品検査局
谈判 tánpàn	[動] 話し合う	复验 fùyàn	[動] 再検査する
轻松 qīngsōng	[動] 気軽にやる	远销 yuǎnxiāo	[動] 遠隔地に販売する
有意 yǒuyì	[動] 〜したいと思う		
		从未 cóngwèi	[副] これまで〜したことがない
中间体 zhōngjiāntǐ	[名] 中間原料		
兴趣 xìngqù	[名] 興味	出具 chūjù	[動] 発行する
顺利 shùnlì	[形] 順調である	专家 zhuānjiā	[名] 専門家
商检 shāngjiǎn	[動] 商品検査する	包括 bāokuò	[動] 含む
对方 duìfāng	[名] 先方	洽谈 qiàtán	[動] 協議する
用户 yònghù	[名] ユーザー	清单 qīngdān	[名] カタログ
退货 tuìhuò	[動] 返品する		

> 訳文

中：こんにちは。上海○○会社でございます。
日：王さんですか。こんにちは。山本です。
中：山本さんですか。今どこにいらっしゃいますか。日本ですか、それとも上海ですか。
日：私はもう上海に着きました。今晩、王さんと李部長を食事にお招きしたいのですが、お暇ですか。
中：それは李部長の都合しだいですが、他に予定があるかどうか。
日：私は明日日本に帰りますから、今晩一緒に食事をしながら、他の取引についてお話ししたいのです。
中：はい。少々お待ちください。李部長に代わります。
日：李部長、山本です。一緒に夕食をしたいと思いますが、王さんと二人でおいでいただけますか。
中：商売は戦いと同じです。一つの交渉が終われば、リラックスすべきですね。
日：この前にお聞きしましたが、貴社は科学染料と中間原料を輸入したいそうですね。我が社は最近、商品が手に入りましたが、値段もお手ごろです。興味がおありでしょうか。
中：興味がありますが、ただ、ある化学製品の取引は難しいです。ついこの間、私たちはヨーロッパのある会社から化学製品を輸入しました。すべて順調に進んだのですが、最後に厄介なことが起こりました。
日：厄介なことって、どんなことですか。
中：商品検査です。相手から商品を受け取ってから、品質に問題があるのに気がつきました。ユーザから文句が出て、返品を申し出てきました。
日：その後、どうなりましたか。
中：今、交渉しているところです。ですから、ある化学製品を輸入しようとする場合、売り手に品物を発送する時に商品検査の証明書を添付してもらいます。スイスのSGS会社の商品検査証明書が一番いいです。
日：SGS会社は商品検査においては評判がとてもいいです。
中：そうです。さらに品物が中国に到着したとき、中国輸出入商品検査局の再

検査を受けるようにしてください。
日：私たちの化学製品は数10年来、多くのヨーロッパの国とアメリカへ売っていますが、これまで、数量と品質の問題は一度も起きていません。私たちは日本商品検査機構の検査証明書が出せます。
中：私たちは最終ユーザーの所在国の商品検査機構の再検査を頼むつもりです。
日：結構です。
中：万が一、問題があったらどうしましょうか。
日：双方の専門家、双方の商品検査係を含めて、一緒に技術的な面について相談すればいいと思います。
中：それはそうですね。そういう不愉快なことが起きないようにするのが一番ですね。
日：その通りです。
中：では、染料と中間原料の商品カタログを提供してください。
日：日本に着いたら、すぐファックスでお送りします。
中：ありがとうございます。

実 践 練 習

CD31 1 次の文を繰り返し音読し、日本語に訳しなさい。

A：李处长，很久不见，您一定很忙吧？

B：是山本先生啊，久违久违！

A：李处长，我今天是有事相求……

B：您请坐，有什么事慢慢谈吧。

A：事情是这样的，我们公司委托上海衬衫厂加工了一批货，现在发现这批货的质量有一些问题，想请贵局派人帮我一起检验一下。

B：这批货现在在哪儿？

A：在上海港口。

B：发货前没进行检验吗？

A：发货期应该是明天，但由于过春节，工厂放了一星期假，货到昨天才赶出来，怕误货期，检验员也只看了表面的几件，工厂就直接把货发到港口去了。

B：这样吧，我马上派三个人跟您一起去港口，您看怎么样？

A：那太好了！

ピンイン

A：Lǐ chùzhǎng, hěn jiǔ bújiàn, nín yídìng hěn máng ba ?
B：Shì Shānběn xiānsheng a, jiǔwéijiǔwéi!
A：Lǐ chùzhǎng, wǒ jīntiān shì yǒushì xiāngqiú……
B：Nín qǐng zuò, yǒu shénme shì mànmàn tán ba.
A：Shìqing shì zhèyàng de, wǒmen gōngsī wěituō Shànghǎi chènshānchǎng jiāgōngle yì pī huò, xiànzài fāxiàn zhè pī huò de zhìliàng yǒu yìxiē wèntí, xiǎng qǐng guìjú pài rén bāng wǒ yìqǐ jiǎnyàn yíxià.
B：Zhè pī huò xiànzài zài nǎr ?
A：Zài Shànghǎi gǎngkǒu.
B：Fāhuò qián méi jìnxíng jiǎnyàn ma ?
A：Fāhuòqī yīnggāi shì míngtiān, dàn yóuyú guò chūnjié, gōngchǎng fàngle yì xīngqī jià, huò dào zuótiān cái gǎn chulai, pà wù huòqī, jiǎnyànyuán yě zhǐ kànle biǎomiàn de jǐ jiàn, gōngchǎng jiù zhíjiē bǎ huò fādào gǎngkǒu qu le.
B：Zhèyàng ba, wǒ mǎshàng pài sān ge rén gēn nín yìqǐ qù gǎngkǒu, nín kàn zěnmeyàng ?
A：Nà tài hǎo le.

2 次の文を中国語に訳しなさい。

1．これは当方の検査結果と一致します。

2．再検査する時期と場所の問題がまだあります。

3．私も何のトラブルも起こらないと信じています。

4．私は検査局が発行した検査証明書を持って来ました。

5．今日私は皆さんに不愉快な知らせを持ってきました。

6．私は当方の商品の品質について自信を持っています。

7．輸入商品は生産国の基準で行うのが普通です。

8．私たちはこれから商品検査の問題を話し合いましょう。

9．このロットの貨物は主に食品ですので、長い時間かけられません。

10．これは保険会社が発行した保険証明書です。どうぞご覧ください。

語釈

久违久违 jiǔwéijiǔwéi		お久しぶりです	
相求 xiāngqiú	[動] 頼む		
检验 jiǎnyàn	[動] 検査する		
怕 pà	[動] 心配する		
误货期 wù huòqī	[動] 納期が遅れる		
检验员 jiǎnyànyuán	[名] 検査員		

第 14 课

CD32

索赔（クレーム）

> クレームには運送上のクレームと売買契約上のクレームがある。一般にクレームとは、運送中に貨物の破損が生じたり、輸出者が契約条件と相違した品質のものを出荷したことなどにより発生した損害について、輸入者が損害賠償請求することである。
>
> 貿易売買契約上のクレームであれば、一般に当事者間で交渉し、裁判に至らず問題解決をはかる和解が最も多いようです。
> それでも解決できなければ、第三者による調停、仲裁、訴訟などによる方法がある。

中：山本　先生，欢迎　您　再次　来　上海。欧洲　之　行
　　Shānběn xiānsheng, huānyíng nín zàicì lái Shànghǎi. Ōuzhōu zhī xíng

　　如何？
　　rúhé?

日：谢谢！总的　说　来，这　是　第一　次　不　愉快　的
　　Xièxie! Zǒngde shuō lai, zhè shì dì-yī cì bù yúkuài de

　　公差。
　　gōngchāi.

中：为　什么？
　　Wèi shénme?

日：这次　是　去　打　官司　的。我们　一　批　化工　原料
　　Zhècì shì qù dǎ guānsī de. Wǒmen yì pī huàgōng yuánliào

　　卖给　欧洲　一　家　公司。货　到　后，该　公司　说
　　màigěi Ōuzhōu yì jiā gōngsī. Huò dào hòu, gāi gōngsī shuō

　　短重，提出　索赔。
　　duǎnzhòng, tíchū suǒpéi.

中：做 国际 贸易，就 怕 一方 提出 索赔、打 官司。
　　Zuò guójì màoyì, jiù pà yìfāng tíchū suǒpéi, dǎ guānsī.

日：这样 的 情况，对 本 公司 来 说, 还是 第一 次。
　　Zhèyàng de qíngkuàng, duì běn gōngsī lái shuō, háishi dì-yī cì.

　　我 本人 更 是 没有 经验。
　　Wǒ běnrén gèng shì méiyǒu jīngyàn.

中：事情 总得 处理 啊！
　　Shìqing zǒngděi chǔlǐ a!

日：我 研究了 买方 提出 的 短重 索赔 报告。看到
　　Wǒ yánjiūle mǎifāng tíchū de duǎnzhòng suǒpéi bàogào. Kàndào

　　后 很 吃惊。我们 发货 时, 数量 准确, 还 有
　　hòu hěn chījīng. Wǒmen fāhuò shí, shùliàng zhǔnquè, hái yǒu

　　商检 证明。
　　shāngjiǎn zhèngmíng.

中：可 有 运输 公司 的 证明？
　　Kě yǒu yùnshū gōngsī de zhèngmíng?

日：有，提单 上 写明 一百 桶, 每 桶 五十 公斤。
　　Yǒu, tídān shàng xiěmíng yìbǎi tǒng, měi tǒng wǔshí gōngjīn.

　　卸货 时 也 是 一百 桶 而且 包装 完好，还
　　Xièhuò shí yě shì yìbǎi tǒng érqiě bāozhuāng wánhǎo, hái

　　有 船长 的 亲笔 签名 呢。
　　yǒu chuánzhǎng de qīnbǐ qiānmíng ne.

中：我们 也 有过 这样 的 事例。那 可能 是 运输
　　Wǒmen yě yǒuguo zhèyàng de shìlì. Nà kěnéng shì yùnshū

　　中 水分 蒸发 而 造成 的 自然 短重。
　　zhōng shuǐfèn zhēngfā ér zàochéng de zìrán duǎnzhòng.

日：可能 是 这样。关于 这个 问题，我们 在 合同 中
　　Kěnéng shì zhèyàng. Guānyú zhège wèntí, wǒmen zài hétóng zhōng

　　已 有 规定：免赔 限度 不得 超过 总量 的 百
　　yǐ yǒu guīdìng: Miǎnpéi xiàndù bùdé chāoguò zǒngliàng de bǎi

分之 二。
fēnzhī èr.

中：实际 情况 呢？
Shíjì qíngkuàng ne?

日：短量 占 总 重量 的 百 分之 五。对方 要求
Duǎnliàng zhàn zǒng zhòngliàng de bǎi fēnzhī wǔ. Duìfāng yāoqiú

我们 赔偿 百 分之 三 的 损失，商检费 也 要
wǒmen péicháng bǎi fēnzhī sān de sǔnshī, shāngjiǎnfèi yě yào

我们 负担。
wǒmen fùdān.

中：您 接受 这个 条件 了 吗？
Nín jiēshòu zhège tiáojiàn le ma?

日：没有 老板 的 点头，我 可 不 敢 做主。
Méiyǒu lǎobǎn de diǎntóu, wǒ kě bù gǎn zuòzhǔ.

中：可 事情 总得 有 个 结果 啊。
Kě shìqing zǒngděi yǒu ge jiéguǒ a.

日：也 讨论过 一 个 折衷 方案，我们 公司 认赔 百
Yě tǎolùnguo yí ge zhézhōng fāng'àn, wǒmen gōngsī rènpéi bǎi

分之 二，商检费 由 对方 负担。
fēnzhī èr, shāngjiǎnfèi yóu duìfāng fùdān.

中：这 类 事件 我们 也 有过。协商 解决 是 好
Zhè lèi shìjiàn wǒmen yě yǒuguo. Xiéshāng jiějué shì hǎo

办法。打 官司 是 费时、破财，还 要 伤 感情。
bànfǎ. Dǎ guānsī shì fèishí, pòcái, hái yào shāng gǎnqíng.

日：我 也 希望 我们 公司 能 接受 这个 折衷
Wǒ yě xīwàng wǒmen gōngsī néng jiēshòu zhège zhézhōng

方案。这 要 等 我 回到 日本 再 说 了。
fāng'àn. Zhè yào děng wǒ huídào Rìběn zài shuō le.

語釈

公差 gōngchāi	[名] 出張	亲笔 qīnbǐ	[副] 自筆で
打官司 dǎ guānsī	[動] 裁判で争う	签名 qiānmíng	[動] サインする
短重 duǎnzhòng	[動] 重量が不足している	免赔 miǎnpéi	[名] 免責歩合
		短量 duǎnliàng	[動] 量が不足している
索赔 suǒpéi	[動] 損害賠償を求める	赔偿 péicháng	[動] 賠償する
		老板 lǎobǎn	[名] 経営者
总得 zǒngděi	[能願] どうしても～しなければならない	点头 diǎntóu	[動] 同意する
		做主 zuòzhǔ	[動] 自ら決める
		协商 xiéshāng	[動] 協議する
吃惊 chījīng	[動] 驚く	费时 fèishí	[動] 時間がかかる
准确 zhǔnquè	[形] 正確である	破财 pòcái	[動] 出費する
提单 tídān	[名] 船荷証券	伤感情 shāng gǎnqíng	[連] 気まずくなる
写明 xiěmíng	[動] はっきり書く		
卸货 xièhuò	[動] 荷卸する		

> **訳文**

中：山本さん、また上海へよくいらっしゃいました。ヨーロッパへのご出張はどうでしたか。

日：ありがとう。総じて言えば、不愉快な出張でした。

中：なぜですか。

日：今回は訴訟の為に来たのです。私たちはヨーロッパのある会社に化学工業の原料を売りました。貨物がついたら、その会社に重量が足りないと言われ、クレームを請求されました。

中：国際貿易をやっていると、相手からクレームや訴訟を持ち出されるのが怖いです。

日：こんなことは当社にとって、初めてです。私個人ももちろん経験したことがありません。

中：事件は何とかして解決しなければなりません。

日：私は買い手の持ち出した重量不足のクレームの報告を検討しました。読んで驚きました。貨物を発送したとき、数量は正確だったし、商品検査証書も添付しました。

中：運送会社の証明書がありますか。

日：あります。船荷証券に100バレル、1バレルに50キロとはっきり書いてあります。貨物をおろしたときも100バレルでした。そして、包装も完璧で、船長の自らのサインもあります。

中：私たちもこういうケースがありました。運送中に、水分が蒸発した為、重量が自然に減ってしまったかもしれません。

日：そうかも知れません。この問題について、契約書に数量不足の容認範囲は総重量の2％を超えないと定めました。

中：実際の状況は。

日：足りない量は総重量の5％を占めています。3％の損害を補償し、商品検査の手数料も払うように請求されました。

中：その条件を受け入れたのですか。

日：いや、社長の同意がなければ、私の一存では決められません。

中：でも、その件はどうしても決着をつけなければなりませんね。

日：我が社が２％の損害賠償を認め、相手側が商品検査の費用を負担するという折衷案も検討しました。

中：私たちもこのような事件を経験したことがあります。話し合いによる解決が一番いい方法です。訴訟を起こせば、時間もお金もかかるばかりか、感情も傷つけてしまいます。

日：私も我が社がこの折衷案を認めてほしいのですが、これは日本に帰らないと決められません。

実 践 練 習

CD33 1 次の文を繰り返し音読し、日本語に訳しなさい。

A：欢迎您。您好。

B：您好。

A：请坐。

B：不客气了。谢谢您上次的关照。

A：哪里，我应当谢谢您。

B：是这样，今天前来是想商量一下索赔条款的。

A：好的，明白了。

B：有可能在今后发生纠纷的事情，我想事先讲清楚，就可以避免将来不愉快事情的发生。

A：您说得对。

B：总之，只要按合同规定办，就不会发生索赔之类的事情。如发现合同货物残损或规格、数量与合同不符，就会提出索赔。但是，如果是海上运输过程中发生的问题，则向轮船公司提出索赔。

A：那么，想问问不是海上运输中发生的问题的情况下，贵方有什么要求？

B：那就要请贵方根据我方的要求，使用无偿给予换货或补足短缺部分，或降低货物价格等方法加以解决。

A：明白了。但是，要求索赔，请在货物到达目的港后90天内通知我们公司。

B：好，就那样办。

ピンイン

A：Huānyíng nín. Nín hǎo.
B：Nín hǎo.
A：Qǐng zuò.
B：Bú kèqi le. Xièxie nín shàng cì de guānzhào.
A：Nǎli, wǒ yīngdāng xièxie nín.
B：Shì zhèyàng, jīntiān qiánlái shì xiǎng shāngliang yíxià suǒpéi tiáokuǎn de.

A：Hǎo de, míngbai le.
B：Yǒu kěnéng zài jīnhòu fāshēng jiūfēn de shìqing, wǒ xiǎng shìxiān jiǎng qīngchu, jiù kěyǐ bìmiǎn jiānglái bù yúkuài shìqing de fāshēng.
A：Nín shuō de duì.
B：Zǒngzhī, zhǐyào àn hétóng guīdìng bàn, jiù bú huì fāshēng suǒpéi zhīlèi de shìqing. Rú fāxiàn hétóng huòwù cánsǔn huò guīgé、shùliàng yǔ hétóng bùfú, jiù huì tíchū suǒpéi. Dànshì, rúguǒ shì hǎishàng yùnshū guòchéng zhōng fāshēng de wèntí, zé xiàng lúnchuán gōngsī tíchū suǒpéi.
A：Nàme, xiǎng wènwen bú shì hǎishàng yùnshū zhōng fāshēng de wèntí de qíngkuàng xià, guìfāng yǒu shénme yāoqiú？
B：Nà jiù yào qǐng guìfāng gēnjù wǒfāng de yāoqiú, shǐyòng wúcháng jǐyǔ huànhuò huò bǔzú duǎnquē bùfen, huò jiàngdī huòwù jiàgé děng fāngfǎ jiāyǐ jiějué.
A：Míngbai le. Dànshì, yāoqiú suǒpéi, qǐng zài huòwù dàodá mùdìgǎng hòu jiǔshí tiān nèi tōngzhī wǒmen gōngsī.
B：Hǎo, jiù nàyàng bàn.

2 次の文を中国語に訳しなさい。

1．不合格品に対して賠償を請求します。

2．8月大阪に到着した貨物は、品不足でした。

3．残念ながら、その損害賠償はお引受けできません。

4．双方の努力でクレームの問題は円満に解決できると信じています。

5．開梱したところ、どの箱も5キロ不足していたことが分かりました。

6．現品はサンプルと一致しませんので、無償でお取替えください。

7．そちらの契約違反ですから、私たちの損害を賠償する責任があります。

8．今度の損傷は輸送中に発生したもので、輸送会社と交渉してください。

9．これは波止場で積み込む際に、手荒く取り扱われたために、損傷したものです。

10．このたびは、まったく当方の手落ちによるもので、無償で新品と取替えいたします。

語釈

上次 shàngcì	[名] 前回	符 fú	[動] 合致する
条款 tiáokuǎn	[名] 条項	轮船 lúnchuán	[名] 汽船
纠纷 jiūfēn	[名] 紛争	无偿 wúcháng	[形] 無償の
避免 bìmiǎn	[動] 避ける	给予 jǐyǔ	[動] 与える
总之 zǒngzhī	[接] 要するに	补足 bǔzú	[動] 補充する
残损 cánsǔn	[名] 破損	短缺 duǎnquē	[動] 不足する

第 15 课

仲裁（仲裁）

CD34

> クレームの解決方法として通常、和解、調停、仲裁、訴訟の四つの方法によって解決される。
>
> 仲裁については、契約の裏面や約款に記載されることが多いようだ。仲裁の条項には、どこの仲裁機関によって仲裁するか、どのような段取りで仲裁するか、どこの国の法律を基準にして仲裁するか、さらに仲裁の費用の負担方法などについて明記するのが普通である。
>
> 仲裁機関が下した裁決は拘束力があり、双方ともこれに従わなければならない。

日：李 先生，刚才 我们 谈到 索赔 问题。
　　Lǐ xiānsheng, gāngcái wǒmen tándào suǒpéi wèntí.

中：是 的。我 看 这个 问题 还 没有 解决。只要 有
　　Shì de. Wǒ kàn zhège wèntí hái méiyǒu jiějué. Zhǐyào yǒu

　　一方 不 同意，这个 折衷 方案 就 难 办 了。
　　yìfāng bù tóngyì, zhège zhézhōng fāng'àn jiù nán bàn le.

日：中国 有 句 话，"有备无患"。我们 准备 仲裁。
　　Zhōngguó yǒu jù huà, "yǒubèi-wúhuàn". Wǒmen zhǔnbèi zhòngcái.

中：协商 解决不了，只好 仲裁。
　　Xiéshāng jiějuébuliǎo, zhǐhǎo zhòngcái.

日：我 在 这 方面 没有 经验，很 想 听听 老兄 的
　　Wǒ zài zhè fāngmiàn méiyǒu jīngyàn, hěn xiǎng tīngting lǎoxiōng de

　　高见。
　　gāojiàn.

中：谢谢 您。第一 该 研究 的 是 仲裁 的 地点。
　　Xièxie nín. Dì-yī gāi yánjiū de shì zhòngcái de dìdiǎn.

143

合同　中　有　仲裁　的　条款　吧？
Hétóng zhōng yǒu zhòngcái de tiáokuǎn ba?

日：有　的。在　被告　所在国。如果　我方　提出　仲裁，
Yǒu de. Zài bèigào suǒzàiguó. Rúguǒ wǒfāng tíchū zhòngcái,

仲裁　地点　在　对方　的　国家；相反，如果　对方
zhòngcái dìdiǎn zài duìfāng de guójiā; xiāngfǎn, rúguǒ duìfāng

提出　交付　仲裁，仲裁　地点　就　在　日本。
tíchū jiāofù zhòngcái, zhòngcái dìdiǎn jiù zài Rìběn.

中：应当　说，这　是　合理　的。另外，日本　的　国际
Yīngdāng shuō, zhè shì hélǐ de. Lìngwài, Rìběn de guójì

商事　仲裁　协会　办事　公正，很　受　各国　的
shāngshì zhòngcái xiéhuì bànshì gōngzhèng, hěn shòu gèguó de

尊重。不过……
zūnzhòng. Búguò……

日："不过"什么？
"Búguò" shénme?

中：一般　都　希望　在　自己　国家　进行　仲裁。
Yìbān dōu xīwàng zài zìjǐ guójiā jìnxíng zhòngcái.

日：那　怎么　办　呢？
Nà zěnme bàn ne?

中：理想　的　办法　是　用　临时　仲裁庭　审理　比较
Lǐxiǎng de bànfǎ shì yòng línshí zhòngcáitíng shěnlǐ bǐjiào

好。双方　组成　的　仲裁庭　较　公平，可以　公正
hǎo. Shuāngfāng zǔchéng de zhòngcáitíng jiào gōngpíng, kěyǐ gōngzhèng

地　处理　纠纷。
de chǔlǐ jiūfēn.

日：那　仲裁费　由　谁　负责？
Nà zhòngcáifèi yóu shuí fùzé?

中：一般　说　来，谁　失败，谁　就　付　所有　费用，除非
Yìbān shuō lai, shuí shībài, shuí jiù fù suǒyǒu fèiyòng, chúfēi

另　有　规定。
lìng　yǒu　guīdìng.

日：嗨，我　就　怕　打　官司。我　希望　通过　协商　友好
　　Hāi, wǒ　jiù　pà　dǎ　guānsī. Wǒ　xīwàng　tōngguò xiéshāng yǒuhǎo

解决。
jiějué.

中：是　啊，仲裁　是　万不得已　的　事。
　　Shì　a, zhòngcái shì　wànbùdéyǐ　de　shì.

語釈

有备无患 yǒubèiwúhuàn	[連]	備えあれば憂いなし
协商 xiéshāng	[動]	協議する
老兄 lǎoxiōng	[名]	貴兄（男性の友人に対する敬称）
高见 gāojiàn	[名]	ご意見
第一 dìyī	[数]	最初の
地点 dìdiǎn	[名]	場所
相反 xiāngfǎn	[接]	逆に
交付 jiāofù	[動]	渡す
应当 yīngdāng	[能願]	～すべきである
另外 lìngwài	[副]	ほかに
办事 bànshì	[動]	事を処理する
一般 yìbān	[形]	普通である
仲裁庭 zhòngcáitíng	[名]	仲裁裁判所
审理 shěnlǐ	[動]	審理する
较 jiào	[副]	比較的に
除非 chúfēi	[接]	～しなければ
万不得已 wànbùdéyǐ	[連]	万やむを得ない

145

訳文

日：李さん、先程はクレームの問題について話しましたね。

中：はい。その問題はまだ解決していないと思います。当事者の一方が同意しなければ、その折衷案は難航します。

日：中国では『備えあれば憂いなし』という古い言葉があります。私たちは仲裁をしてもらうつもりです。

中：話し合いで解決しなければ、仲裁をしてもらうより仕方がありません。

日：それについて経験がないので、ぜひご意見を聞かせてください。

中：ありがとう。第一に検討すべきことは仲裁の場所です。契約書には仲裁の条項があるでしょう。

日：あります。被告の所在国となっていますから、もし、こちらが仲裁を申し立てれば、仲裁の場所は相手国です。逆に、相手が仲裁を申し立てれば仲裁の場所は日本です。

中：それは合理的だというべきです。また、日本の国際商事仲裁協会は事件を処理するのに公正なので、各国に尊重されています。でも……。

日：でもって、なんですか。

中：普通は、みんな自分の国で仲裁してもらいたいと思っているからです。

日：それはどうすればいいですか。

中：仮仲裁裁判所による仲裁をしてもらうほうが理想的でいいですね。当事者双方が構成した仲裁裁判所は公正に紛争を解決することができます。

日：では、仲裁の手数料は誰が負担するのですか。

中：別段の規定がなければ、負けた側が全ての費用を負担するのが普通です。

日：まあ、私は訴訟を起こすのが怖いんです。話し合いによって友好的に解決してほしいです。

中：そうですね。仲裁もやむを得ないことです。

実 践 練 習

CD35 1 次の文を繰り返し音読し、日本語に訳しなさい。

A：国际贸易或合资经营，偶尔发生一些纠纷是免不了的事。在贵国是怎样解决这些纠纷的呢？

B：有各种方式。最好的方式是通过双方协商圆满解决。事实上，几乎所有的纠纷都是通过协商来解决的。

A：如果协商解决不了的话，就通过法律，就是说依靠国家权力来解决吗？

B：诉讼当然是解决纠纷的一个手段，不过实际上极少利用这种方式。

A：那么怎么办呢？

B：一般说来，碰上这种情况多是通过调停或仲裁来解决，人们认为，今后在解决国际贸易纠纷方面，仲裁是有力的手段。

A：在日本，作为常设仲裁机构，有仲裁海事纠纷的日本海运集会所，还有综合性的仲裁机构—国际商事仲裁协会。在中国也有这样的机构吗？

B：有。譬如中国国际贸易促进会对外经济仲裁委员会就是这样的机构。

A：通过仲裁解决时，必须由中国方面的常设仲裁机构受理吗？

B：这取决于双方当事人的协议。

ピンイン

A：Guójì màoyì huò hézī jīngyíng, ǒu'ěr fāshēng yìxiē jiūfēn shì miǎnbuliǎo de shì. Zài guìguó shì zěnyàng jiějué zhèxiē jiūfēn de ne？

B：Yǒu gè zhǒng fāngshì. Zuì hǎo de fāngshì shì tōngguò shuāngfāng xiéshāng yuánmǎn jiějué. Shìshí shang, jīhū suǒyǒu de jiūfēn dōu shì tōngguò xiéshāng lái jiějué de.

A：Rúguǒ xiéshāng jiějuébuliǎo dehuà, jiù tōngguò fǎlǜ, jiù shì shuō yīkào guójiā quánlì lái jiějué ma？

B：Sùsòng dāngrán shì jiějué jiūfēn de yí ge shǒuduàn, búguò shíjì shang jí shǎo lìyòng zhè zhǒng fāngshì.

A：Nàme zěnme bàn ne？

B：Yìbān shuō lai, pèngshàng zhè zhǒng qíngkuàng duō shì tōngguò tiáotíng huò zhòngcái lái jiějué, rénmen rènwéi, jīnhòu zài jiějué guójì màoyì jiūfēn fāngmiàn, zhòngcái shì yǒulì de shǒuduàn.

A：Zài Rìběn, zuòwéi chángshè zhòngcái jīgòu, yǒu zhòngcái hǎishì jiūfēn de Rìběn hǎiyùn jíhuìsuǒ, hái yǒu zōnghéxìng de zhòngcái jīgòu——guójì shāngshì zhòngcái xiéhuì. Zài Zhōngguó yě yǒu zhèyàng de jīgòu ma？

B：Yǒu. Pìrú Zhōngguó guójì màoyì cùjìnhuì duìwài jīngjì zhòngcái wěiyuánhuì jiù shì zhèyàng de jīgòu.

A：Tōngguò zhòngcái jiějué shí, bìxū yóu Zhōngguó fāngmiàn de chángshè zhòngcái jīgòu shòulǐ ma？

B：Zhè qǔjué yú shuāngfāng dāngshìrén de xiéyì.

2 次の文を中国語に訳しなさい。

1．契約書には紛争仲裁に関する条項が必要です。

2．紛争が起こった場合は、協議によって解決します。

3．仲裁の決定は最終的なものです。当事者を拘束します。

4．訴訟は、当事者の片方が一方的に提起できる解決方法です。

5．仲裁機関は国際商事仲裁協会大阪支部に指定しておきましょう。

6．お互い友好的な話し合いで、今度の破約のことを解決したいと思います。

7．合弁企業を営む以上、お互いに協力し合うのはいうまでもないことです。

8．もし、双方の話し合いで解決できない場合は、仲裁に持ち込むことができます。

9．当方はどうしても仲裁の結論を受け入れられないので、近いうちに訴訟を起こします。

10．万一、当事者間で妥協点が見出せない場合は、まず、第三者による調停が必要になります。

語釈

合资 hézī	[動]	共同出資する
偶尔 ǒu'ěr	[副]	たまたま
免不了 miǎnbuliǎo	[動]	免れない
几乎 jīhū	[副]	ほとんど
如果……（的话）rúguǒ……(dehuà)	[接]	もしも
依靠 yīkào	[動]	頼る
少 shǎo	[形]	めったに～しない
碰上 pèngshàng	[動]	出くわす
综合性 zōnghéxìng	[形]	総合的な
机构 jīgòu	[名]	機関

第 16 课

CD36

代理（代理）

> 国際貿易にたずさわる代理には、代理店と代理人の二つが含まれる。代理店或いは代理人はいずれも委託会社或いは委託商人の委託を受けて売買活動に従事する。従って、売り手から商品販売を引き受ける代理人もあれば、買い手から購入を引き受ける代理もある。代理の売買業務と卸売商のそれとは似ているが、代理人は自分の名義で委託会社或いは委託商人に代行して活動するのに対して、卸売商は自分の名義で販売や購入をする。

日：李　经理　吗？
　　Lǐ　jīnglǐ　ma?

中：是　的，我　是。我　听　出来　了，您　是　山本　先生
　　Shì　de, wǒ　shì. Wǒ　tīng　chulai　le, nín　shì　Shānběn xiānsheng
　　吧？什么　风　又　把　您　吹到　上海　来　了？
　　ba? Shénme fēng yòu bǎ nín chuīdào Shànghǎi lái le?

日：不，我　现在　在　日本。告诉　您　一　个　好　消息：
　　Bù, wǒ xiànzài zài Rìběn. Gàosu nín yí ge hǎo xiāoxi:
　　上次　的　丝绸　衬衫　在　我　国　很　受　欢迎。
　　Shàngcì de sīchóu chènshān zài wǒ guó hěn shòu huānyíng.

中：谢谢。这　是　贵　公司　努力　销售　的　成果。
　　Xièxie. Zhè shì guì gōngsī nǔlì xiāoshòu de chéngguǒ.

日：是　的。我们　在　报纸、杂志、电视　都　做了　广告。
　　Shì de. Wǒmen zài bàozhǐ, zázhì, diànshì dōu zuòle guǎnggào.
　　尽管　花了　不少　精力　和　费用，但　成果　是　令
　　Jǐnguǎn huāle bùshǎo jīnglì hé fèiyòng, dàn chéngguǒ shì lìng
　　人　满意　的。
　　rén mǎnyì de.

中：第三 批 货，根据 合同 下周 可 装船。我们 的
　　Dì-sān pī huò, gēnjù hétóng xiàzhōu kě zhuāngchuán. Wǒmen de

　　传真 收到 了 吗？
　　chuánzhēn shōudào le ma?

日：收到 了，谢谢。我 今天 挂 电话 给 您，想 与
　　Shōudào le, xièxie. Wǒ jīntiān guà diànhuà gěi nín, xiǎng yǔ

　　贵 公司 商量 一 件 事。我们 想 做 贵 公司
　　guì gōngsī shāngliang yí jiàn shì. Wǒmen xiǎng zuò guì gōngsī

　　生产 的 丝绸 衬衫 在 日本 的 独家 代理。
　　shēngchǎn de sīchóu chènshān zài Rìběn de dújiā dàilǐ.

中：谢谢 您 的 建议，我们 很 乐意 长期 合作。不过，
　　Xièxie nín de jiànyì, wǒmen hěn lèyì chángqī hézuò. Búguò,

　　从 今年 推销 的 情况 看，订货量 还 不够 大。
　　cóng jīnnián tuīxiāo de qíngkuàng kàn, dìnghuòliàng hái búgòu dà.

日：明年 我们 可以 多 订 1000 打。供货 是否 有
　　Míngnián wǒmen kěyǐ duō dìng yìqiān dá. Gōnghuò shìfǒu yǒu

　　问题？
　　wèntí?

中：这 是 我们 自己 工厂 生产 的。长期 供货
　　Zhè shì wǒmen zìjǐ gōngchǎng shēngchǎn de. Chángqī gōnghuò

　　没有 问题。
　　méiyǒu wèntí.

日：价格 方面，是否 在 优惠 些？
　　Jiàgé fāngmiàn, shìfǒu zài yōuhuì xiē?

中：如果 作为 代理，价格 当然 得 更 优惠，付款
　　Rúguǒ zuòwéi dàilǐ, jiàgé dāngrán děi gèng yōuhuì, fùkuǎn

　　方式 也 可 改变。
　　fāngshì yě kě gǎibiàn.

日：如果 有 这样 优惠 的 条件，我 想 我们 作为
　　Rúguǒ yǒu zhèyàng yōuhuì de tiáojiàn, wǒ xiǎng wǒmen zuòwéi

代理　可以　增加　销售额。我们　可以　准备　一　份
dàilǐ　kěyǐ　zēngjiā　xiāoshòu'é. Wǒmen　kěyǐ　zhǔnbèi　yí　fèn
市场　调查　报告。
shìchǎng　diàochá　bàogào.

中：关于　这个　问题，我们　可　得　好好　讨论　一下。
Guānyú　zhège　wèntí, wǒmen　kě　děi　hǎohāo　tǎolùn　yíxià.
这样　吧，下周　我　去　日本　时，先　讨论　从　贵
Zhèyàng　ba, xiàzhōu　wǒ　qù　Rìběn　shí, xiān　tǎolùn　cóng　guì
公司　进口　化工　产品　一事，顺便　再　讨论　代理
gōngsī　jìnkǒu　huàgōng　chǎnpǐn　yíshì, shùnbiàn　zài　tǎolùn　dàilǐ
一事。
yíshì.

日：那　太　好　了！我　在　日本　等候　您，请　提前
Nà　tài　hǎo　le! Wǒ　zài　Rìběn　děnghòu　nín, qǐng　tíqián
通知　抵　日本　的　日期　和　航班。
tōngzhī　dǐ　Rìběn　de　rìqī　hé　hángbān.

中：一定。
Yídìng.

153

語釈

销售	xiāoshòu	[動]	販売する
电视	diànshì	[名]	テレビ
尽管	jǐnguǎn	[接]	～であっても
令	lìng	[動]	～させる
满意	mǎnyì	[形]	満足である
下周	xiàzhōu	[名]	来週
可	kě	[副]	ぜひとも
传真	chuánzhēn	[名]	ファックス
丝绸	sīchóu	[名]	シルク
独家	dújiā	[形]	独占的な
建议	jiànyì	[動]	提案する
乐意	lèyì	[動]	喜んで～する
推销	tuīxiāo	[動]	販路を広げる
订货量	dìnghuòliàng	[名]	注文量
够	gòu	[副]	十分に
订	dìng	[動]	注文する
供货	gōnghuò	[動]	商品を提供する
是否	shìfǒu	[副]	～であるかどうか
优惠	yōuhuì	[形]	優遇する
改变	gǎibiàn	[動]	変える
销售额	xiāoshòu'é	[名]	販売額
顺便	shùnbiàn	[副]	ついでに
讨论	tǎolùn	[動]	議論する
提前	tíqián	[動]	繰り上げる
航班	hángbān	[名]	就航ダイヤ

> **訳文**

日：李部長ですか。
中：はい、そうです。ああ、わかりました。山本さんですね。どういう風の吹きまわしで、また上海に来たのですか。
日：いや、今、日本におります。いいニュースをお知らせします。この前の絹のブラウスはわが国でとても人気があります。
中：ありがとう。それは貴社が販売に力を入れた成果だと思います。
日：そうです。私たちは新聞や雑誌やテレビにもコマーシャルを出しました。相当な労力と費用を費やしましたが、成果には満足しています。
中：三回目の貨物が契約により来週船積みすることになっていますが、こちらのファックスを受け取りましたか。
日：受け取りました。ありがとう。今日、ちょっとお願いしたいことがありましてお電話をしました。貴社の絹のブラウスを販売する日本での独占代理をさせていただきたいのです。
中：ご提案ありがとうございます。私たちも喜んで長期的に協力したいです。でも、今年の販売状況から見れば、ご注文の数量はまだ多くないようです。
日：来年、私たちは1000ダース注文を増やすことができますが、品物の供給は大丈夫でしょうか。
中：それは我が社の工場で生産するのですから、継続的な供給に問題はありません。
日：価格のほうも、もう少し優遇していただけますか。
中：もし代理にするならば、もちろん、価格をもっと優遇すべきです。支払い方法を変えてもいいです。
日：そのような優遇条件であれば、私たちは代理として売上高を増やすことができると思います。市場調査報告書を用意できます。
中：そのことについてよく検討しなければなりません。こうしましょう。来週、私が日本を訪れるときに、先ず、貴社からの化学製品の輸入について相談して、それからついでに代理のことを話し合いましょう。
日：それはありがたいです。日本でお待ちしています。前もって日本に着く日

とフライト・ナンバーをお知らせ下さい。
中：必ずそうします。

実 践 練 習

CD37 1 次の文を繰り返し音読し、日本語に訳しなさい。

A：这次登门拜访是想同贵公司商谈一下销售代理的事。

B：是吗，感谢您百忙之中专程来访。我们正期待您的到来。

A：谢谢。今年贵公司到的货，无论设计还是质量均属上乘，而且价格也合适，所以特别好销。

B：是吗，真是太好了。关于货物的销售情况，我们从其他日本进口商那里也得到相同的信息，非常高兴。

A：五年前，贵公司与敝公司合作，共同努力，得到了回报，就是贵公司的产品获得日本市场的认可。

B：确实如您所说的，经常承蒙贵公司的关照，非常感谢。

A：哪里，我们应该感谢贵公司给我们的关照。今年敝公司打算进一步开拓销路。我想如果贵公司同意我们作为销售代理的话，双方都会收到满意的回报的。

B：是啊。不过其他公司已经送来了签订销售代理店合同的申请，眼下正在研究之中。

A：原来是这样。

ピンイン

A：Zhè cì dēngmén bàifǎng shì xiǎng tóng guì gōngsī shāngtán yíxià xiāoshòu dàilǐ de shì.

B：Shì ma, gǎnxiè nín bǎimáng zhīzhōng zhuānchéng láifǎng. Wǒmen zhèng qīdài nín de dàolái.

A：Xièxie. Jīnnián guì gōngsī dào de huò, wúlùn shèjì háishi zhìliàng jūn shǔ shàngchéng, érqiě jiàgé yě héshì, suǒyǐ tèbié hǎo xiāo.

B：Shì ma, zhēnshi tài hǎo le. Guānyú huòwù de xiāoshòu qíngkuàng, wǒmen cóng qítā Rìběn jìnkǒushāng nàli yě dédào xiāngtóng de xìnxī, fēicháng gāoxìng.

A：Wǔ nián qián, guì gōngsī yǔ bì gōngsī hézuò, gòngtóng nǔlì, dédàole huíbào, jiù shì guì gōngsī de chǎnpǐn huòdé Rìběn shìchǎng de rènkě.

B：Quèshí rú nín suǒ shuō de, jīngcháng chéngméng guì gōngsī de guānzhào, fēicháng gǎnxiè.

A：Nǎli, wǒmen yīnggāi gǎnxiè guì gōngsī gěi wǒmen de guānzhào. Jīnnián bì gōngsī dǎsuan jìnyíbù kāituò xiāolù. Wǒ xiǎng rúguǒ guì gōngsī tóngyì wǒmen zuòwéi xiāoshòu dàilǐ dehuà, shuāngfāng dōu huì shōudào mǎnyì de huíbào de.

B：Shì a. Búguò qítā gōngsī yǐjing sònglaile qiāndìng xiāoshòu dàilǐdiàn hétóng de shēnqǐng, yǎnxià zhèngzài yánjiū zhīzhong.

A：Yuánlái shì zhèyàng.

2 次の文を中国語に訳しなさい。

1．新製品の販売はうまくいっていますか。

2．手数料の料率は10％でよろしいでしょうか。

3．最近、返品や購入のキャンセルが多くて困っています。

4．貴社の販売代理をさせていただきたいと存じます。

5．広告費と保管費などの費用はどうお考えですか。

6．期間３年とする総代理店契約を結んでいただけますか。

7．新製品はよく売れて、今は関係市場で大きなシェアを占めています。

8．東北地方における一手販売代理店に貴社を指名させていただけますか。

9．目標額を超えた部分については、更に３％の手数料を加算いたします。

10．新製品の販売状況、お客様方や貴社のご意見などをお伺いしたいと存じます。

語釈

登门拜访	dēngmén-bàifǎng	[動]	訪問する
百忙之中	bǎimángzhīzhōng	[連]	お忙しい中
专程	zhuānchéng	[副]	わざわざ
无论	wúlùn	[接]	〜にかかわらず
设计	shèjì	[名]	デザイン
均	jūn	[副]	すべて
属	shǔ	[動]	〜である
上乘	shàngchéng	[形]	優れている
而且	érqiě	[接]	しかも
合适	héshì	[形]	ちょうどよい
好	hǎo	[形]	〜しやすい
信息	xìnxī	[名]	情報
回报	huíbào	[動]	報いる
获得	huòdé	[動]	獲得する
认可	rènkě	[名]	認可
如	rú	[動]	〜のようだ
承蒙	chéngméng	[動]	蒙る
开拓	kāituò	[動]	切り開く
销路	xiāolù	[名]	販路
正在	zhèngzài	[副]	ちょうど〜している

第 17 课

CD38

招标（入札）

> 入札は、工事の請負などに際して、契約希望者が複数ある場合、金額などを文書で表示させ、最も有利な内容を提示した者と契約することである。入札制度は国内にもあり、中国で行われる入札とはそれほど大きな相違はないであろう。ただ、国際慣例によれば、入札の応募者は保証金或いは銀行が発行する保証書などが必要で、落札できなければ、その保証金或いは保証書は応募者に返還される。

中：山本　先生，我们　接到　一　个　商业　信息，不知
　　Shānběn xiānsheng, wǒmen jiēdào yí ge shāngyè xìnxī, bùzhī

　　贵　公司　是否　有　兴趣？
　　guì gōngsī shìfǒu yǒu xìngqù?

日：什么　信息？说来　听听。
　　Shénme xìnxī? Shuōlái tīngting.

中：中国　西部　地区　要　建造　一　个　大型　化肥厂。我
　　Zhōngguó xībù dìqū yào jiànzào yí ge dàxíng huàféichǎng. Wǒ

　　想　贵　公司　长期　经营　化工　项目，可以　参与。
　　xiǎng guì gōngsī chángqī jīngyíng huàgōng xiàngmù, kěyǐ cānyù.

日：行业　是　对口　的，我们　在　提供　化工　机械　设备
　　Hángyè shì duìkǒu de, wǒmen zài tígōng huàgōng jīxiè shèbèi

　　方面　小　有　名气。
　　fāngmiàn xiǎo yǒu míngqì.

中：据　我　所　知，这　是　一　个　中型　项目。中国
　　Jù wǒ suǒ zhī, zhè shì yí ge zhōngxíng xiàngmù. Zhōngguó

　　方面　准备　进行　招标。
　　fāngmiàn zhǔnbèi jìnxíng zhāobiāo.

日：什么 时候 发出 招标 通知？
　　Shénme shíhou fāchū zhāobiāo tōngzhī?

中：大概 在 下 个 月 吧。
　　Dàgài zài xià ge yuè ba.

日：公开 开标 还是 秘密 开标？
　　Gōngkāi kāibiāo háishi mìmì kāibiāo?

中：公开 开标。
　　Gōngkāi kāibiāo.

日：这 就 好。我们 对 公开 招标 一直 很 有 信心。
　　Zhè jiù hǎo. Wǒmen duì gōngkāi zhāobiāo yìzhí hěn yǒu xìnxīn.

中东 一 个 化工 项目，我们 公司 参加 投标，
Zhōngdōng yí ge huàgōng xiàngmù, wǒmen gōngsī cānjiā tóubiāo,

一举 成功。这样，您 能 帮 我们 搞 一 份
yìjǔ chénggōng. Zhèyàng, nín néng bāng wǒmen gǎo yí fèn

招标 通知 吗？
zhāobiāo tōngzhī ma?

中：当然 可以。不过，我 建议 你们 最好 自己 去 一
　　Dāngrán kěyǐ. Búguò, wǒ jiànyì nǐmen zuìhǎo zìjǐ qù yí

次 中国 四川。按 国际 惯例，投标人 要 缴纳
cì Zhōngguó Sìchuān. Àn guójì guànlì, tóubiāorén yào jiǎonà

保证金。银行 出具 的 保证函 也 可以。
bǎozhèngjīn. Yínháng chūjù de bǎozhènghán yě kěyǐ.

日：我们 知道。如果 没有 中标，在 开标 一 周 后，
　　Wǒmen zhīdao. Rúguǒ méiyǒu zhòngbiāo, zài kāibiāo yì zhōu hòu,

会 把 保证金 或 保证函 退回 给 投标者。
huì bǎ bǎozhèngjīn huò bǎozhènghán tuìhuí gěi tóubiāozhě.

中：是 这样。我 只 提供 一 个 信息，详细 情况
　　Shì zhèyàng. Wǒ zhǐ tígōng yí ge xìnxī, xiángxì qíngkuàng

你们 自己 去 了解。
nǐmen zìjǐ qù liǎojiě.

日：谢谢 您 的 信息。过去 我们 在 贸易 方面 合作
　　Xièxie nín de xìnxī. Guòqù wǒmen zài màoyì fāngmiàn hézuò

　　极其 愉快。看来，我们 可以 扩大 合作 领域，特别
　　jíqí yúkuài. Kànlai, wǒmen kěyǐ kuòdà hézuò lǐngyù, tèbié

　　是 与 中国 有关 的 项目，你们 毕竟 比 我们
　　shì yǔ zhōngguó yǒuguān de xiàngmù, nǐmen bìjìng bǐ wǒmen

　　了解。
　　liǎojiě.

中：我 也 希望 如此。共同 合作，互惠互利。
　　Wǒ yě xīwàng rúcǐ. Gòngtóng hézuò, hùhuì-hùlì.

語釈

化肥厂 huàféichǎng	[名]	化学肥料工場	
化工 huàgōng	[名]	化学工場	
项目 xiàngmù	[名]	プロジェクト	
参与 cānyù	[動]	関与する	
行业 hángyè	[名]	業種	
对口 duìkǒu	[形]	仕事の内容が一致する	
名气 míngqì	[名]	名声	
据我所知 jùwǒsuǒzhī	[連]	私の知るところでは	
招标 zhāobiāo	[動]	入札を募集する	
大概 dàgài	[副]	おそらく	
下个月 xiàgeyuè	[名]	来月	
开标 kāibiāo	[動]	（入札の）開札をする	
一直 yìzhí	[副]	ずっと	
信心 xìnxīn	[名]	自信	
投标 tóubiāo	[動]	入札する	
一举 yìjǔ	[副]	一気に	
帮 bāng	[動]	助ける	
搞 gǎo	[動]	手に入れる	
最好 zuìhǎo	[副]	～したほうがよい	
按 àn	[介]	～の通りに	
投标人 tóubiāorén	[名]	入札者	
缴纳 jiǎonà	[動]	納める	
出具 chūjù	[動]	発行する	
保证函 bǎozhènghán	[名]	保証書	
中标 zhòngbiāo	[動]	落札する	
一周 yìzhōu	[名]	一週	
退回 tuìhuí	[動]	返す	
投标者 tóubiāozhě	[名]	入札者	
了解 liǎojiě	[動]	調べる	
极其 jíqí	[副]	極めて	
看来 kànlai	[動]	思うに	
合作 hézuò	[動]	協力する	
毕竟 bìjìng	[副]	結局のところ	
互惠互利 hùhuì-hùlì	[連]	互いに恩恵を受け利益がある	

> 訳文

中：山本さん、商業情報が手に入りましたが、興味がおありですか。
日：何の情報ですか。聞かせてください。
中：中国の西南地区で大型化学肥料工場を建設することになっています。貴社は長い間化学関係のものをやっていますから、参加したらいいと思います。
日：業務内容が一致しています。当社は化学工業機械設備の供給においてちょっと名が売れています。
中：私の知るところでは、それは中型のプロジェクトです。中国は入札を募集する予定です。
日：いつ入札の通知が出されますか。
中：来月になるでしょう。
日：公開入札ですか、それとも指名入札ですか。
中：公開入札です。
日：それは好都合です。公開入札にはずっと自信を持っています。我が社は中東のある化学工業のプロジェクトに応札して、一挙に成功しました。入札通知がほしいのですが、協力していただけませんか。
中：もちろんいいです。でも、自ら中国の四川へ行ったほうがいいです。国際慣例によれば、入札の応募者は保証金を納めなければなりません。銀行が出した保証書でもいいです。
日：知っております。落札しなかったら、入札の結果が発表された一週間後に、保証金または保証書を応募者に返すのですね。
中：その通りです。私は情報を提供するだけです。詳しいことは自分で調べてください。
日：情報を教えてくださり、ありがとうございました。貿易の面において、今までの協力はとても楽しかったです。更に協力の分野を拡大することができるようですね。特に中国と関係があるプロジェクトについては、なんといっても私たちより貴方たちのほうがよく知っていますからね。
中：私たちもそのように願っています。共に協力すれば、お互いに優遇や利益が受けられますね。

実 践 練 習

CD39 1 次の文を繰り返し音読し、日本語に訳しなさい。

A：欢迎，欢迎，你们好，请坐。

B：今天我们来想了解投标方面的有关事宜。

A：是吗，请您不要客气。

B：前几天，在报上刊登了贵公司的招标广告。因此，我们想应标……。

A：那是水力发电的招标吧，欢迎你们应标。

B：如何办理投标手续？

A：请等一下，对不起。这就是投标书，请您认真研究投标条件和注意事项，然后写出投标书，在5月31日以前提交给我们公司就可以了。

B：知道了。还有投标保证金什么时候支付？

A：押标金是在提交投标书时，交纳投标金额的百分之二。

B：中标后，就给通知吧？

A：接到投标书后就进行开标，对其内容充分审查后决定中标者，业务人员向中标者发中标通知。

ピンイン

A: Huānyíng, huānyíng, nǐmen hǎo, qǐng zuò.
B: Jīntiān wǒmen lái xiǎng liǎojiě tóubiāo fāngmiàn de yǒuguān shìyí.
A: Shì ma, qǐng nín búyào kèqi.
B: Qián jǐ tiān, zài bào shàng kāndēngle guì gōngsī de zhāobiāo guǎnggào. Yīncǐ, wǒmen xiǎng yìngbiāo……
A: Nà shì shuǐlì fādiàn de zhāobiāo ba, huānyíng nǐmen yìngbiāo.
B: Rúhé bànlǐ tóubiāo shǒuxù？
A: Qǐng děng yíxià, duìbuqǐ. Zhè jiù shì tóubiāoshū, qǐng nín rènzhēn yánjiū tóubiāo tiáojiàn hé zhùyì shìxiàng, ránhòu xiěchu tóubiāoshū, zài wǔ yuè sānshíyī rì yǐqián tíjiāo gěi wǒmen gōngsī jiù kěyǐ le.
B: Zhīdao le. Háiyǒu tóubiāo bǎozhèngjīn shénme shíhou zhīfù？
A: Yābiāojīn shì zài tíjiāo tóubiāoshū shí, jiāonà tóubiāo jīn'é de bǎifēnzhī èr.
B: Zhòngbiāo hòu, jiù gěi tōngzhī ba？
A: Jiēdào tóubiāoshū hòu jiù jìnxíng kāibiāo, duì qí nèiróng chōngfèn shěnchá hòu juédìng zhòngbiāozhě, yèwù rényuán xiàng zhòngbiāozhě fā zhòngbiāo tōngzhī.

2 次の文を中国語に訳しなさい。

1．入札書類の販売はいつですか。

2．今回の入札は公開入札ですか。

3．入札期間は９月１日から15日までです。
　　＿＿＿＿＿＿＿＿＿＿＿＿＿＿＿＿＿＿＿＿＿＿＿＿＿＿＿＿＿＿＿＿＿

4．申し込み締め切りは12月18日午前９時30分です。
　　＿＿＿＿＿＿＿＿＿＿＿＿＿＿＿＿＿＿＿＿＿＿＿＿＿＿＿＿＿＿＿＿＿

5．発電設備について入札条件を説明してください。
　　＿＿＿＿＿＿＿＿＿＿＿＿＿＿＿＿＿＿＿＿＿＿＿＿＿＿＿＿＿＿＿＿＿

6．外資系企業も輸出商品割当て入札に参加できますか。
　　＿＿＿＿＿＿＿＿＿＿＿＿＿＿＿＿＿＿＿＿＿＿＿＿＿＿＿＿＿＿＿＿＿

7．A社は○○製鉄所の火力発電所設備を落札しました。
　　＿＿＿＿＿＿＿＿＿＿＿＿＿＿＿＿＿＿＿＿＿＿＿＿＿＿＿＿＿＿＿＿＿

8．国際入札に際して、入札参加者に保証金を要求します。
　　＿＿＿＿＿＿＿＿＿＿＿＿＿＿＿＿＿＿＿＿＿＿＿＿＿＿＿＿＿＿＿＿＿

9．入札事務室で資格審査を厳格に実施し、不適格企業は入札に参加できません。
　　＿＿＿＿＿＿＿＿＿＿＿＿＿＿＿＿＿＿＿＿＿＿＿＿＿＿＿＿＿＿＿＿＿

10．落札したにもかかわらず、契約締結を拒否した場合、入札保証金は没収されます。
　　＿＿＿＿＿＿＿＿＿＿＿＿＿＿＿＿＿＿＿＿＿＿＿＿＿＿＿＿＿＿＿＿＿

語釈

事宜 shìyí	[名] 事柄	提交 tíjiāo	[動] 提出する
刊登 kāndēng	[動] 掲載する	押标金 yābiāojīn	[名] 入札保証金
应标 yìngbiāo	[動] 応札する	交纳 jiāonà	[動] 納める
办理 bànlǐ	[動] 処理する	充分 chōngfèn	[副] 十分に
投标书 tóubiāoshū	[名] 入札書類	中标者 zhòngbiāozhě	[名] 落札者
研究 yánjiū	[動] 検討する		

第 18 课

委托加工（委託加工）

CD40

> 委託加工には、委託加工輸出と委託加工輸入の二つがある。委託加工輸出は、外国の委託者が我がメーカーと直接または輸出商を通じて加工契約を結び、その原料を無為替でメーカーに送って、指定の製品を作らせ、メーカーはその製品を輸出する。この方法は、原材料もその製品も所有権は外国の委託者にあり、加工者は単に加工賃を得るに過ぎない。
>
> 委託加工輸入は、委託加工輸出と反対に本国から原材料を無為替で提供し、外国に加工を委託し、加工した製品を無為替で輸入する。

日：经常　听说　贵　公司　是　中国　一流　的　服装
　　Jīngcháng tīngshuō guì gōngsī shì Zhōngguó yìliú de fúzhuāng

　　工厂，　缝制　技术　好，质量　管理　严格，所以　想
　　gōngchǎng, féngzhì jìshù hǎo, zhìliàng guǎnlǐ yángé, suǒyǐ xiǎng

　　同　贵　公司　合作，搞　委托　加工。
　　tóng guì gōngsī hézuò, gǎo wěituō jiāgōng.

中：是　吗，谢谢。是　来料　加工　呢，还是　来样　加工
　　Shì ma, xièxie. Shì láiliào jiāgōng ne, háishi láiyàng jiāgōng

　　呢？
　　ne?

日：我们　公司　提供　原材料、工艺书、样品，请　贵　公司
　　Wǒmen gōngsī tígōng yuáncáiliào, gōngyìshū, yàngpǐn, qǐng guì gōngsī

　　按照　样品　生产　产品。你们　看　怎么样？
　　ànzhào yàngpǐn shēngchǎn chǎnpǐn. Nǐmen kàn zěnmeyàng?

中：没有　问题。因为　我们　现在　正　和　欧美　的　公司
　　Méiyǒu wèntí. Yīnwei wǒmen xiànzài zhèng hé Ōuměi de gōngsī

169

做 委托 加工 的 生意。
zuò wěituō jiāgōng de shēngyi.

日：很 抱歉，能否 让 我们 实际 考察 一下 工厂？
Hěn bàoqiàn, néngfǒu ràng wǒmen shíjì kǎochá yíxià gōngchǎng?

中：当然 可以。如果 你们 愿意，现在 就 请 你们 去
Dāngrán kěyǐ. Rúguǒ nǐmen yuànyi, xiànzài jiù qǐng nǐmen qù

看看 工厂。
kànkan gōngchǎng.

日：真 的 吗？谢谢。
Zhēn de ma? Xièxie.

中：好，请 你们 跟 我 来。
Hǎo, qǐng nǐmen gēn wǒ lái.

· · · · · · ·

日："百闻不如一见"。到底 还是 名牌 企业，设备 和
"Bǎiwénbùrúyíjiàn". Dàodǐ háishi míngpái qǐyè, shèbèi hé

管理 都 是 一流 的。
guǎnlǐ dōu shì yìliú de.

中：谢谢。我们 做 的 还 很 不 够，现在 正在 努力。
Xièxie. Wǒmen zuò de hái hěn bú gòu, xiànzài zhèngzài nǔlì.

日：参观 工厂 以后，对 质量 方面 的 担心 完全
Cānguān gōngchǎng yǐhòu, duì zhìliàng fāngmiàn de dānxīn wánquán

没有 了。
méiyǒu le.

中：唉，几 年 前 我们 就 和 欧美 的 公司 做
Āi, jǐ nián qián wǒmen jiù hé Ōuměi de gōngsī zuò

委托 加工 贸易 生意，产品 质量 方面 的 纠纷
wěituō jiāgōng màoyì shēngyi, chǎnpǐn zhìliàng fāngmiàn de jiūfēn

一次 也 没 发生过。
yícì yě méi fāshēngguo.

170

日：这 一 点 我们 相信。上午 我们 已经 说 了，
Zhè yì diǎn wǒmen xiāngxìn. Shàngwǔ wǒmen yǐjing shuō le,

我们 希望 同 贵 公司 做 女 衬衫 的 委托
wǒmen xīwàng tóng guì gōngsī zuò nǔ chènshān de wěituō

加工 贸易 生意。
jiāgōng màoyì shēngyi.

中：是 的。您 说过 原材料 和 样品 都 由 贵 公司
Shì de. Nín shuōguo yuáncáiliào hé yàngpǐn dōu yóu guì gōngsī

提供。但是 附属 材料 呢？譬如 线、垫肩 等 怎么
tígōng. Dànshì fùshǔ cáiliào ne? Pìrú xiàn、diànjiān děng zěnme

办 呢？
bàn ne?

日：全部 由 我们 公司 提供。
Quánbù yóu wǒmen gōngsī tígōng.

中：规格 有 几 种？
Guīgé yǒu jǐ zhǒng?

日：以 小号 到 大号 都 有。这 是 订货单，请 您
Yǐ xiǎohào dào dàhào dōu yǒu. Zhè shì dìnghuòdān, qǐng nín

过目。
guòmù.

中：谢谢。我 就 拜读 了。
Xièxie. Wǒ jiù bàidú le.

日：我们 公司 与 贵 公司 是 首次 做 委托 加工
Wǒmen gōngsī yǔ guì gōngsī shì shǒucì zuò wěituō jiāgōng

贸易，所以 订货量 小。如果 合作 成功，以后 将
màoyì, suǒyǐ dìnghuòliàng xiǎo. Rúguǒ hézuò chénggōng, yǐhòu jiāng

大批 量 订货。
dàpī liàng dìnghuò.

中：是 吗，那 就 请 多 关照 了。交货期 是 九月
Shì ma, nà jiù qǐng duō guānzhào le. Jiāohuòqī shì jiǔyuè

中旬 吗?
zhōngxún ma?

日:对。没 问题 吧?
Duì. Méi wèntí ba?

中:数量 少,没有 问题。
Shùliàng shǎo, méiyǒu wèntí.

日:这些 女 衬衫 是 按 委托 加工 订货 的,所以
Zhèxiē nǚ chènshān shì àn wěituō jiāgōng dìnghuò de, suǒyǐ
请 使用 我们 公司 的 商标。
qǐng shǐyòng wǒmen gōngsī de shāngbiāo.

中:是 定牌 加工。知道 了。
Shì dìngpái jiāgōng. Zhīdao le.

日:另外,贵 公司 认为 加工费 如何 呢?
Lìngwài, guì gōngsī rènwéi jiāgōngfèi rúhé ne?

中:坦率 地 说,如果 按照 贵 公司 所 希望 的
Tǎnshuài de shuō, rúguǒ ànzhào guì gōngsī suǒ xīwàng de
价格 去 做,我们 公司 只 有 亏损。
jiàgé qù zuò, wǒmen gōngsī zhǐ yǒu kuīsǔn.

日:不 会 这样 吧。
Bú huì zhèyàng ba.

中:不 是 的。贵 公司 的 订货量 小,加之 人工费
Bú shì de. Guì gōngsī de dìnghuòliàng xiǎo, jiāzhī réngōngfèi
上涨,所以 如果 不 提价 的话,很 难 成交。
shàngzhǎng, suǒyǐ rúguǒ bù tíjià dehuà, hěn nán chéngjiāo.

日:那么 提价率 是 百 分之 几 呢?
Nàme tíjiàlǜ shì bǎi fēnzhī jǐ ne?

中:为了 今后 与 贵 公司 建立 长期 委托 加工
Wèile jīnhòu yǔ guì gōngsī jiànlì chángqī wěituō jiāgōng
贸易 关系,作为 最 优惠价,只 提价 百 分之 十。
màoyì guānxi, zuòwéi zuì yōuhuìjià, zhǐ tíjià bǎi fēnzhī shí.

日：提高 百 分之 十？
　　Tígāo bǎi fēnzhī shí?

中：另外, 我 想 贵 公司 很 清楚, 贵 公司 订货
　　Lìngwài, wǒ xiǎng guì gōngsī hěn qīngchu, guì gōngsī dìnghuò
　　的 女 衬衫 是 高档 商品, 所以 加工 起来 很
　　de nǚ chènshān shì gāodàng shāngpǐn, suǒyǐ jiāgōng qǐlai hěn
　　费 工时 的。
　　fèi gōngshí de.

日：您 说 的 理由 我们 公司 可以 理解。那么 就
　　Nín shuō de lǐyóu wǒmen gōngsī kěyǐ lǐjiě. Nàme jiù
　　接受 贵 公司 的 还盘。
　　jiēshòu guì gōngsī de huánpán.

中：对 贵 公司 给予 的 特别 理解 和 关照, 我
　　Duì guì gōngsī jǐyǔ de tèbié lǐjiě hé guānzhào, wǒ
　　表示 衷心 的 感谢。
　　biǎoshì zhōngxīn de gǎnxiè.

日：请 不要 客气。那么 就 请 贵 公司 准备 好
　　Qǐng búyào kèqi. Nàme jiù qǐng guì gōngsī zhǔnbèi hǎo
　　合同。
　　hétóng.

中：下午 做好 合同, 明天 就 签约 吧。
　　Xiàwǔ zuòhǎo hétóng, míngtiān jiù qiānyuē ba.

日：好！那么 就 明天 见 吧。
　　Hǎo! Nàme jiù míngtiān jiàn ba.

語釈

語	ピンイン	品詞	訳
经常	jīngcháng	[副]	いつも
缝制	féngzhì	[動]	縫製する
严格	yángé	[副]	厳格である
来料加工	láiliàojiāgōng	[名]	原料加工
来样加工	láiyàngjiāgōng	[名]	提供見本加工
工艺书	gōngyìshū	[名]	工程書
样品	yàngpǐn	[名]	見本
生意	shēngyi	[動]	商売する
抱歉	bàoqiàn	[動]	すまなく思う
能否	néngfǒu	[副]	～させてもらえませんか
百闻不如一见	bǎiwénbùrúyíjiàn	[連]	百聞は一見にしかず
名牌	míngpái	[名]	有名ブランド
一流	yìliú	[形]	一流である
担心	dānxīn	[動]	心配する
纠纷	jiūfēn	[名]	もめ事
相信	xiāngxìn	[動]	信じる
譬如	pìrú	[接]	たとえば
线	xiàn	[名]	糸
垫肩	diànjiān	[名]	肩パット
订货单	dìnghuòdān	[名]	注文書
拜读	bàidú	[動]	拝読する
首次	shǒucì	[形]	最初の
大批	dàpī	[形]	大口の
交货期	jiāohuòqī	[名]	納期
商标	shāngbiāo	[名]	商標
定牌加工	dìngpái jiāgōng	[名]	ブランド指定加工
坦率	tǎnshuài	[形]	率直である
亏损	kuīsǔn	[動]	欠損する
加之	jiāzhī	[接]	その上
人工费	réngōngfèi	[名]	人件費
上涨	shàngzhǎng	[動]	高くなる
提价	tíjià	[動]	値上げする
成交	chéngjiāo	[動]	成約する
提价率	tíjiàlǜ	[名]	値上げ率
优惠价	yōuhuìjià	[名]	優待価格
高档	gāodàng	[形]	高級の
工时	gōngshí	[名]	労働時間
还盘	huánpán	[名]	カウンター・オファー・反対申し込み
给予	jǐyǔ	[動]	与える
衷心	zhōngxīn	[形]	心からの
签约	qiānyuē	[動]	調印する

> 訳文

日：貴社が中国の一流の縫製工場で縫製技術は優れているし、品質管理も厳しいということはよく聞いています。そこで、貴社に委託加工のご協力をお願いしたいと思います。
中：そうですか。ありがとうございます。原料加工ですか、それとも提供見本加工ですか。
日：我が社は材料、工程書、見本などを提供し、貴社に見本通りに製品を生産していただきたいと思いますが、よろしいですか。
中：問題ありません。今、欧米の会社と委託加工貿易をやっていますから。
日：恐縮ですが、工場を実際に見せていただけませんか。
中：いいですよ。ご希望なら、今、ご覧になりませんか。
日：ほんとうですか。すみません。
中：じゃ、ご案内します。

・・・・・・・

日：「百聞は一見にしかず」さすがは有名企業ですね。設備も管理も一流です。
中：ありがとうございます。まだまだですから、今、頑張っています。
日：工場を見せていただきまして、品質についての心配がまったくなくなりました。
中：ええ、欧米の会社と何年も前から委託加工貿易をやってきましたが、品質についてのトラブルは一度も起きたことはありません。
日：その点は信じております。午前中すでに申しましたように、ブラウス委託加工をお願いします。
中：はい。材料も見本も貴社で提供すると言われましたが、付属材料、例えば糸、肩パットなどはどうなさいますか。
日：全部我が社の持ち込みです。
中：サイズは何種類ですか。
日：SサイズからLサイズまでです。これが注文書です。どうぞ、ご覧下さい。
中：ありがとうございます。拝見いたします。

日：我が社は貴社とは初めての委託加工貿易ですから、注文量は少ないですが、成功すれば、以後たくさん注文させていただきます。

中：そうですか。よろしくお願いします。納期は九月中旬ですね。

日：はい。それは大丈夫ですか。

中：はい数量が少ないですから、大丈夫です。

日：これらのブラウスは委託加工で発注しますから、我が社の商標を使ってください。

中：ブランド指定加工ですね。承知しました。

日：ところで、加工賃はどうお考えですか。

中：正直に言うと、貴社の希望価格通りにやれば、我が社は損をするばかりです。

日：そんなことはありえないでしょう。

中：いいえ。ご注文量が少ないし、その上、人件費が上がっていますから、値上げをしなければ、なかなか成約しにくいです。

日：それでは、アップ率はどのくらいですか。

中：これから長期にわたる委託加工貿易関係を築くために、最優遇価格として10％だけ値上げさせてください。

日：10％ですか。

中：また、ご注文のブラウスは高級品ですから、加工するのに時間がかかります。このことは貴社もよくご存じだと思います。

日：おっしゃる理由は我が社は一応納得できます。では、貴社のカウンター・オファーを受け入れます。

中：貴社の特別のご理解とご配慮に心から感謝いたします。

日：どういたしまして。それから、契約書の用意をお願いします。

中：午後、契約書を作成しておきますから、明日サインしましょう。

日：結構です。では、明日またお会いしましょう。

実 践 練 習

CD41 **1** 次の文を繰り返し音読し、日本語に訳しなさい。

A：李先生，有一件事情想和您商量一下。

B：有什么事情，请尽管说就是了。

A：合同签订以后，我们公司打算派15名技术人员到贵厂，他们可以在技术上，对贵厂的工人给以帮助。另外，在成品发运前，他们需要对成品进行检验。这样做，我想，贵厂不会介意吧？

B：山本先生您太客气了。贵公司派来技术人员，这对于双方都是有益的，我完全同意。

A：这些技术人员的一切费用，全部由我们公司负担。

B：好，山本先生，除了请这些技术人员在技术上帮助我们之外，还请贵公司提供一些必要的技术资料和蓝图。

A：可以，我一定向我们公司说明这一点。

ピンイン

A：Lǐ xiānsheng, yǒu yí jiàn shìqing xiǎng hé nín shāngliang yíxià.
B：Yǒu shénme shìqing, qǐng jǐnguǎn shuō jiùshìle.
A：Hétóng qiāndìng yǐhòu, wǒmen gōngsī dǎsuan pài shíwǔ míng jìshù rényuán dào guì chǎng, tāmen kěyǐ zài jìshù shàng, duì guì chǎng de gōngrén gěiyǐ bāngzhù. Lìngwài, zài chéngpǐn fāyùn qián, tāmen xūyào duì chéngpǐn jìnxíng jiǎnyàn. Zhèyàng zuò, wǒ xiǎng, guì chǎng bú huì jièyì ba？
B：Shānběn xiānsheng nín tài kèqi le. Guì gōngsī pàilai jìshù rényuán, zhè duìyú shuāngfāng dōu shì yǒuyì de, wǒ wánquán tóngyì.
A：Zhèxiē jìshù rényuán de yíqiè fèiyòng, quánbù yóu wǒmen gōngsī fùdān.
B：Hǎo, Shānběn xiānsheng, chúle qǐng zhèxiē jìshù rényuán zài jìshù shàng bāngzhù wǒmen zhīwài, hái qǐng guì gōngsī tígōng yìxiē bìyào de jìshù zīliào hé lántú.
A：Kěyǐ, wǒ yídìng xiàng wǒmen gōngsī shuōmíng zhè yì diǎn.

2　次の文を中国語に訳しなさい。

1．加工費の問題が一番肝心ですね。

2．今日は貴社との技術提携に関して、ご相談に参りました。

3．今の若い人は、儲けが少なくて、疲れる仕事はしたがりません。

4．今までこんな大きい規格のフランジを加工したことはありません。

5．ノーハウは発明ほど技術的に高度でないので、特許にはなりません。

6．今回の加工賃は1枚400円にしてもらいたいのですが、いかがですか。

7．ノーハウは特許と違って、法律上認められた権利は与えられません。

8．不良品は絶対に入れないで、必ず私たちの規格通りに加工してください。

9．それによって、貴社の技術者に製造に関する技術を習得していただきます。

10．今回はちょっと特殊なプラントですから、材料に強い耐食性が要求されます。

語釈

尽管 jǐnguǎn	[副] かまわずに	会 huì	[能願] ～するであろう
就是了 jiùshìle	[助] ～だけのことだ	介意 jièyì	[動] 気にする
成品 chéngpǐn	[名] 製品	有益 yǒuyì	[形] 有益である
发运 fāyùn	[動] 出荷する	蓝图 lántú	[名] 青写真

第 19 课

CD42

投资（投資）

中国企業は外国の直接投資によって、先進技術を導入し、輸出能力を高め、製品を国際市場に進出させることができる。中国は労働力や資源において優位に立ち、中国の広い国内市場は外国企業にとってきわめて魅力的である。

1979年以来、中国は投資環境を絶えず改善してきた。例えば、法律の面から、外国投資の合法的な地位を明確にし、外国投資家の合法的な権利を保護し、協議項目を関係機関に報告して指示を仰ぐ手続きを簡素化してきた。また、税制などの面でも、外国投資家を優遇している。

中：听说 贵 代表团 的 先生们 对 向 我省 投资
　　Tīngshuō guì dàibiǎotuán de xiānshengmen duì xiàng wǒshěng tóuzī

　　非常 感 兴趣。
　　fēicháng gǎn xìngqù.

日：是 的。自从 中国 政府 宣布了 "西迁战略" 以后，
　　Shì de. Zìcóng Zhōngguó zhèngfǔ xuānbùle "Xīqiānzhànlüè" yǐhòu,

　　日本 企业 对 中西部 地区 的 关心 高涨 起来。
　　Rìběn qǐyè duì Zhōngxībù dìqū de guānxīn gāozhǎng qilai.

中：是 呀，中央 政府 已 在 "九・五 计划" 和 2010
　　Shì ya, zhōngyāng zhèngfǔ yǐ zài "jiǔ·wǔ jìhuà" hé èrlíngyīlíng

　　年 前 的 长期 目标 纲要 中 确定 今后 开发
　　nián qián de chángqī mùbiāo gāngyào zhōng quèdìng jīnhòu kāifā

　　投资 向 资源 丰富 的 中西部 地区 倾斜 的
　　tóuzī xiàng zīyuán fēngfù de Zhōngxībù dìqū qīngxié de

　　方针，我 想 不久 中西部 地区 就 会 成为 国
　　fāngzhēn, wǒ xiǎng bùjiǔ Zhōngxībù dìqū jiù huì chéngwéi guó

内外　企业　投资　的　热点。最近　到　我省　考察　的
nèiwài　qǐyè　tóuzī　de　rèdiǎn. Zuìjìn　dào　wǒshěng　kǎochá　de

外国　代表团　多了　起来。
wàiguó　dàibiǎotuán　duōle　qǐlai.

日：贵省　天然气、有色　金属、煤、石油　等　资源　丰富，
Guìshěng　tiānránqì、yǒusè　jīnshǔ、méi、shíyóu　děng　zīyuán　fēngfù,

如果　投资　环境　能　得到　改善，国外　的　投资者
rúguǒ　tóuzī　huánjìng　néng　dédào　gǎishàn, guówài　de　tóuzīzhě

将　接踵而来。
jiāng　jiēzhǒng'érlái.

中：是　呀，确实　是　这样。我省　的　资源　虽然　多，
Shì　ya, quèshí　shì　zhèyàng. Wǒshěng　de　zīyuán　suīrán　duō,

可是　以前　投资　环境　比　沿海　地区　落后，所以
kěshì　yǐqián　tóuzī　huánjìng　bǐ　yánhǎi　dìqū　luòhòu, suǒyǐ

外资　企业　少。从　去年　开始　我们　致力　于　投资
wàizī　qǐyè　shǎo. Cóng　qùnián　kāishǐ　wǒmen　zhìlì　yú　tóuzī

环境　的　改善，于是　外资　企业　多了　起来。
huánjìng　de　gǎishàn, yúshì　wàizī　qǐyè　duōle　qǐlai.

日：那　太　好　了。为了　吸引　国外　资本，改善　投资
Nà　tài　hǎo　le. Wèile　xīyǐn　guówài　zīběn, gǎishàn　tóuzī

环境　是　非常　重要　的。请问，贵　省　有　多少
huánjìng　shì　fēicháng　zhòngyào　de. Qǐngwèn, guì　shěng　yǒu　duōshao

外资　企业？
wàizī　qǐyè?

中：1500　家　左右。其中　日本　企业　有　好　几　十
Yìqiānwǔbǎi　jiā　zuǒyòu. Qízhōng　Rìběn　qǐyè　yǒu　hǎo　jǐ　shí

家。
jiā.

日：是　吗，贵　省　鼓励　国外　投资　的　优惠　政策　是
Shì　ma, guì　shěng　gǔlì　guówài　tóuzī　de　yōuhuì　zhèngcè　shì

181

哪 几 方面 的？
nǎ jǐ fāngmiàn de?

中：主要 是 鼓励 投资 的 产业、投资 地区、税收、
Zhǔyào shì gǔlì tóuzī de chǎnyè、tóuzī dìqū、shuìshōu、

投资者 的 权利 保证 等 方面 的 措施。
tóuzīzhě de quánlì bǎozhèng děng fāngmiàn de cuòshī.

日：具体 地 说，譬如 外资 企业 在 人员、财物、物资、
Jùtǐ de shuō, pìrú wàizī qǐyè zài rényuán、cáiwù、wùzī、

生产 销售 方面 有 自主权 吗？
shēngchǎn、xiāoshòu fāngmiàn yǒu zìzhǔquán ma?

中：那 是 当然 的。不，不仅仅 是 这些。对 外资
Nà shì dāngrán de. Bù, bùjǐnjǐn shì zhèxiē. Duì wàizī

企业，我 省 在 土地 使用、劳动力 雇用、原材料
qǐyè, wǒ shěng zài tǔdì shǐyòng、láodònglì gùyòng、yuáncáiliào

供应、水电 供应、出口 配额 等 方面 都 优先
gōngyìng、shuǐdiàn gōngyìng、chūkǒu pèi'é děng fāngmiàn dōu yōuxiān

保证。
bǎozhèng.

日：明白 了。那么 税制 方面 有 哪些 优惠 政策
Míngbai le. Nàme shuìzhì fāngmiàn yǒu nǎxiē yōuhuì zhèngcè

呢？
ne?

中：退还 地方 所得税、减免 企业 所得税。
Tuìhuán dìfāng suǒdéshuì、jiǎnmiǎn qǐyè suǒdéshuì.

日：不错。名副其实 的 优惠 政策。真 不错 呀。
Búcuò. Míngfùqíshí de yōuhuì zhèngcè. Zhēn búcuò ya.

中：还 有 呢，外资 企业 出口 创汇，每 创汇 一
Hái yǒu ne, wàizī qǐyè chūkǒu chuànghuì, měi chuànghuì yī

美元，就 从 财政 获得 五 分 钱 的 内陆 运输
měiyuán, jiù cóng cáizhèng huòdé wǔ fēn qián de nèilù yùnshū

补助费。
bǔzhùfèi.

日：优惠 政策 实在 是 太 好 了。请问 一下，在 现阶段 鼓励 国外 投资 的 产业 领域 是 什么？
Yōuhuì zhèngcè shízài shì tài hǎo le. Qǐngwèn yíxià, zài xiànjiēduàn gǔlì guówài tóuzī de chǎnyè lǐngyù shì shénme?

中：主要 是 农业 综合 开发、电力、交通、通信、采矿、冶炼、石油 化工 等 领域。
Zhǔyào shì nóngyè zōnghé kāifā, diànlì, jiāotōng, tōngxìn, cǎikuàng, yěliàn, shíyóu huàgōng děng lǐngyù.

日：国外 企业 也 可 参与 探矿、采掘 吗？
Guówài qǐyè yě kě cānyù tànkuàng, cǎijué ma?

中：是 的，可以。政府 鼓励 国外 企业 参与 资源 勘探 和 采掘。今年 中国 也 同样 依照 国际 惯例，有 勘探权 的 企业 优先 行使 采掘权，投资者 可以 收到 实惠。
Shì de, kěyǐ. Zhèngfǔ gǔlì guówài qǐyè cānyù zīyuán kāntàn hé cǎijué. Jīnnián Zhōngguó yě tóngyàng yīzhào guójì guànlì, yǒu kāntànquán de qǐyè yōuxiān xíngshǐ cǎijuéquán, tóuzīzhě kěyǐ shōudào shíhuì.

日：明白 了。谢谢 您 的 详细 说明。
Míngbai le. Xièxie nín de xiángxì shuōmíng.

中：谢谢 你们 的 来纺。日本 投资 能力 强，拥有 很 多 先进 技术，希望 能够 得到 你们 的 积极 合作。
Xièxie nǐmen de láifǎng. Rìběn tóuzī nénglì qiáng, yōngyǒu hěn duō xiānjìn jìshù, xīwàng nénggòu dédào nǐmen de jījí hézuò.

日：谢谢，希望 能够 与 你们 合作。我们 还 要 来
Xièxie, xīwàng nénggòu yǔ nǐmen hézuò. Wǒmen hái yào lái

拜访，请 多 关照。
bàifǎng, qǐng duō guānzhào.

語釈

宣布 xuānbù	[動] 表明する	措施 cuòshī	[名] 措置
高涨 gāozhǎng	[動] 物価が上がる	不仅仅 bùjǐnjǐn	[副] 〜だけでなく
纲要 gāngyào	[名] 要綱	配额 pèi'é	[名] 割り当て
倾斜 qīngxié	[動] 偏重する	退还 tuìhuán	[動] 返却する
热点 rèdiǎn	[名] 人気スポット	名副其实 míngfùqíshí	[連] 名実相伴う
考察 kǎochá	[動] 視察する		
天然气 tiānránqì	[名] 天然ガス	创汇 chuànghuì	[動] 外貨を稼ぐ
有色金属 yǒusèjīnshǔ	[名] 非鉄金属	实在 shízài	[副] 本当に
		采矿 cǎikuàng	[動] 鉱石を採掘する
接踵而来 jiēzhǒng'érlái	[連] 次々とやって来る	冶炼 yěliàn	[動] 製錬する
		参与 cānyù	[動] 関与する
		探矿 tànkuàng	[動] 鉱脈を調査する
落后 luòhòu	[形] 立ち後れている	勘探 kāntàn	[動]（地下資源を）調査する
致力 zhìlì	[動] 力を注ぐ		
吸引 xīyǐn	[動] 誘致する	拥有 yōngyǒu	[動] 擁する
鼓励 gǔlì	[動] 励ます	拜访 bàifǎng	[動] 訪問する

> **訳文**

中：代表団のメンバーの方々は我が省への投資に非常に興味をお持ちになっておられるそうですね。

日：そうです。中国政府が『西還戦略』を公表してから、日本の企業は中西部地域への関心が高まっております。

中：そうですね。中央政府はすでに『九・五計画』と2010年までの長期目標要綱で開発投資の重点を資源の豊富な中西部地域に置く方針を打ち出しております。そのうち中西部は国内外の企業の投資の人気スポットになるでしょう。最近、我が省に来る外国の使節団が増えてきました。

日：貴省は天然ガス、非鉄金属、石炭、石油などの資源に恵まれておられますから、投資環境が改善されれば、外国の投資家が相次いでやってくるでしょう。

中：ええ、その通りです。我が省は資源が多いですが、今まで投資環境が沿海部に後れをとっていたので、外国系企業が少なかったです。去年から私たちは投資環境の改善に力を入れましたので、外資系企業が増えております。

日：それはよかったですね。外国の資本を誘致する為には、投資環境の改善は非常に大事です。ところで、貴省には外資系企業はどれくらいありますか。

中：1500社ぐらいです。その中に日本企業は何10社もあります。

日：そうですか。貴省では外国からの投資を奨励する優遇策はどの面のことですか。

中：それは主に奨励産業、投資地域、税制、投資家の権益の保証などの面の措置です。

日：具体的に言うと、例えば、外資系企業は人員、財物、物資、生産、販売の面で自主権を持ちますか。

中：それはもちろんです。いや、そればかりではなく、我が省では外資系企業に対して土地使用、労働力雇用、原材料供給、水、電力供給、輸出割当額なども優先的に保証します。

日：分かりました。それでは、税制の面でどんな優遇策を取っていますか。

中：地方所得税の還付と企業所得の減免です。

日：なるほど。さすがは優遇策です。ほんとうにいいですね。

中：まだあります。外資系企業は輸出による外貨獲得の場合、1ドルにつき5分の内陸輸送補助金を財政から支給されます。

日：実に素晴らしい優遇策ですね。ところで、今の段階で貴省では外国の投資を奨励する産業分野は何ですか。

中：主に農業の総合開発、電力、交通、通信、採鉱、製錬、石油化学工業などの分野です。

日：外国企業も資源探査、採掘に参入できますか。

中：ええ、できます。政府としては、外国企業の資源探査、採掘の参入を奨励しています。また、今年になって、中国でも国際慣行で探査権を持つ企業は優先的に採掘権を行使でき、投資家が利益を受けることになります。

日：よく分かりました。いろいろご説明くださいまして、ありがとうございます。

中：こちらこそ。ご来訪ありがとうございます。日本は投資能力が高く、多くの先進技術を持っておられますから、ぜひ積極的に協力していただきたいと思います。

日：ありがとうございます。ぜひ協力させていただきます。また参りますので、よろしくお願いします。

実 践 練 習

1 次の文を繰り返し音読し、日本語に訳しなさい。

A：今年，中国的形势明显好转，改革步伐加快，对外开放也得到了进一步扩大。

B：是的。对外开放进一步扩大，中央政府最近宣布边境13个城市、长江沿岸28个城市和8个地区为对外开发区，还批准一部分省会城市扩大外资利用权。

A：那样的话，现在开发区有不少吧？

B：是的，全国各地各种开发区超过了100个。

A：那太好了。

B：因此，全国各地正在掀起一股投资热，"三资企业"不计其数，层出不穷。

A：什么叫"三资企业"？

B：三资企业是全额外资企业、合作经营企业和合资企业。

A：全额外资企业就是独资企业吧。

B：是的。

A：合作经营企业和合资企业好像差不多，究竟有什么区别？

B：合作经营企业是外国企业、其他经济组织或个人，与中国的企业或其他经济组织合作，在中国设立的经济组织。组织形式上可设立具有独立中国法人资格的合作企业。也可以是合作各方订有合同的合作项目。

ピンイン

A : Jīnnián, Zhōngguó de xíngshì míngxiǎn hǎozhuǎn, gǎigé bùfá jiākuài, duìwài kāifàng yě dédàole jìnyíbù kuòdà.

B : Shì de. Duìwài kāifàng jìnyíbù kuòdà, zhōngyāng zhèngfǔ zuìjìn xuānbù biānjìng shísān ge chéngshì. chángjiāng yán'àn èrshíbā ge chéngshì hé bā ge dìqū wéi duìwài kāifāqū, hái pīzhǔn yí bùfen shěnghuì chéngshì kuòdà wàizī lìyòngquán.

A : Nàyàng dehuà, xiànzài kāifāqū yǒu bù shǎo ba?

B : Shì de, quánguó gèdì gè zhǒng kāifāqū chāoguòle yìbǎi ge.

A : Nà tài hǎo le.

B : Yīncǐ, quánguó gèdì zhèngzài xiānqi yì gǔ tóuzīrè, "sānzī qǐyè" bújì-qíshù, céngchū-bùqióng.

A : Shénme jiào "sānzī qǐyè"?

B：Sānzī qǐyè shì quán'é wàizī qǐyè, hézuò jīngyíng qǐyè hé hézī qǐyè.
A：Quán'é wàizī qǐyè jiù shì dúzī qǐyè ba？
B：Shì de.
A：Hézuò jīngyíng qǐyè hé hézī qǐyè hǎoxiàng chàbuduō, jiūjìng yǒu shénme qūbié？
B：Hézuò jīngyíng qǐyè shì wàiguó qǐyè, qítā jīngjì zǔzhī huò gèrén, yǔ Zhōngguó de qǐyè huò qítā jīngjì zǔzhī hézuò, zài Zhōngguó shèlì de jīngjì zǔzhī. Zǔzhī xíngshì shàng kě shèlì jùyǒu dúlì Zhōngguó fǎrén zīgé de hézuò qǐyè. Yě kěyǐ shì hézuò gè fāng dìng yǒu hétóng de hézuò xiàngmù.

2　次の文を中国語に訳しなさい。

1．これは出版したばかりの「中小企業白書」です。

2．海外の中小企業の中西部への投資を期待しています。

3．我が省は外国投資家に新たに注目される所です。

4．豊富な資源の強みを生かし、積極的に内外の資本を誘致しています。

5．西北地域は天然ガス、石炭、非鉄金属など鉱産資源が豊富です。

6．中西部地域は18省、自治区が含まれ、面積は全国の86％を占めています。

7．近年、我が省は外資を利用した資源開発に一定の成果を収めています。

8．中国は世界でも鉱物の種類が多く、かなりの埋蔵量を持つ国の一つです。

9．政府が中西部地域の支援強化を打ち出し、経済発展に優遇措置を取っています。

___

10．中国の中小企業には所有制により国有、集団、郷鎮、私営などさまざまな形態があります。

___

語釈

明显 míngxiǎn	[形] 明らかである	全额外资企业 quán'éwàizīqǐyè	[名] 外国全額出資企業
步伐 bùfá	[名] 足取り		
进一步 jìnyíbù	[連] いっそう		
边境 biānjìng	[名] 辺境	合作经营企业 hézuòjīngyíngqǐyè	[名] 共同経営企業
批准 pīzhǔn	[動] 認可する		
超过 chāoguò	[動] 超える	合资企业 héziqǐyè	[名] 共同出資企業
三资企业 sānzīqǐyè	[名] 形態の違う三つの企業	差不多 chàbuduō	[形] あまり違わない
不计其数 bújìqíshù	[連] 数えきれないほど多い	究竟 jiūjìng	[副] 結局のところ
		区别 qūbié	[名] 違い
层出不穷 céngchūbùqióng	[連] 次々と現れる	项目 xiàngmù	[名] プロジェクト

第 20 课

合资企业（合併企業）

CD44

> 外国と国内の共同出資または共同経営で運営される企業を言う。外資や技術の導入を目的にして、先進国の企業に対して対外事業として中国に合併で会社を設立させ、原料輸入を確保したり、部品や製品の輸出を促進させる。
>
> 合併企業には、外国が全額出資する企業、中外共同で出資する企業、中外共同で経営する企業の三形態があり、これを「三資企業」という。

日：李　经理，我们　公司　有　兴趣　在　中国　搞　个
　　Lǐ　jīnglǐ, wǒmen gōngsī yǒu xìngqù zài Zhōngguó gǎo ge

　　合资　企业。想　先　听听　您　的　高见。
　　hézī qǐyè. Xiǎng xiān tīngting nín de gāojiàn.

中：谢谢！不　知　搞　哪　一　类　的。
　　Xièxie! Bù zhī gǎo nǎ yí lèi de.

日：还　要　搞　老　本行，化工　类　的。具体　地　说，
　　Hái yào gǎo lǎo běnháng, huàgōng lèi de. Jùtǐ de shuō,

　　办　一　个　中型　的　染料　及　中间体　工厂。
　　bàn yí ge zhōngxíng de rǎnliào jí zhōngjiāntǐ gōngchǎng.

中：是　的。中国　实行　开放　政策，鼓励　外商　投资　设
　　Shì de. Zhōngguó shíxíng kāifàng zhèngcè, gǔlì wàishāng tóuzī shè

　　厂。政府　给　许多　优惠　的　政策。你们　做过
　　chǎng. Zhèngfǔ gěi xǔduō yōuhuì de zhèngcè. Nǐmen zuòguo

　　市场　调查　吗？
　　shìchǎng diàochá ma?

日：做　了，很　粗。估计　今后　二十　年　内，染料　及
　　Zuò le, hěn cū. Gūjì jīnhòu èrshí nián nèi, rǎnliào jí

191

中间体市场不会差。我们在东南亚有许多长期客户,需要这类产品。在海外销售产品没有问题。

中:原料如何?

日:我们在考虑设厂的地址。原料可就地供应。

中:请注意运输及能源供应问题。

日:我们正想听听您老兄的意见。

中:搞化工项目,还有一个环境保护问题。

日:是的。我们正在研究中国的有关法规。

中:投资金额及投资比例,贵公司考虑没有?

日:没有固定的。我们希望占股百分之五十,这样便于管理。不过,对于合资期限,我们要求二十年。

中:对投资形式有什么考虑吗?

日：我方想以设备投入。所有生产设备均由
　　Wǒfāng xiǎng yǐ shèbèi tóurù. Suǒyǒu shēngchǎn shèbèi jūn yóu

　　外方提供。
　　wàifāng tígōng.

中：是新设备还是二手设备？
　　Shì xīn shèbèi háishi èrshǒu shèbèi?

日：这可以谈判。
　　Zhè kěyǐ tánpàn.

中：在投资回收方面，你们有什么打算？
　　Zài tóuzī huíshōu fāngmiàn, nǐmen yǒu shénme dǎsuan?

日：我们希望三年收回投资。从第九年起，
　　Wǒmen xīwàng sān nián shōuhuí tóuzī. Cóng dì-jiǔ nián qǐ,

　　外方的利润可以进行再投资。
　　wàifāng de lìrùn kěyǐ jìnxíng zài tóuzī.

中：应当讲，你们的目的及意图很明确。不
　　Yīngdāng jiǎng, nǐmen de mùdì jí yìtú hěn míngquè. Bù

　　知中方要求如何。
　　zhī Zhōngfāng yāoqiú rúhé.

日：我们已讲定，下月初在上海洽谈。届时再
　　Wǒmen yǐ jiǎngdìng, xiàyuè chū zài Shànghǎi qiàtán. Jièshí zài

　　见面。
　　jiànmiàn.

中：一言为定。恭候大驾光临。
　　Yìyánwéidìng. Gōnghòu dàjià guānglín.

語釈

搞	gǎo	[動]	する
本行	běnháng	[名]	本業
外商	wàishāng	[名]	外国商人
设厂	shèchǎng	[動]	工場を建設する
粗	cū	[形]	粗雑である
估计	gūjì	[動]	推測する
客户	kèhù	[名]	取引先
就地供应	jiùdìgōngyìng	[連]	現地で供給する
能源	néngyuán	[名]	エネルギー源
固定	gùdìng	[形]	定着している
便于	biànyú	[形]	〜に便利である
外方	wàifāng	[名]	外資側
二手设备	èrshǒushèbèi	[連]	中古の設備
讲定	jiǎngdìng	[動]	話して決める
届时	jièshí	[動]	その時になる
一言为定	yìyánwéidìng	[連]	一度決めたら変えない
恭候大驾光临	gōnghòudàjiàguānglín	[連]	おいでをお待ちしています

> **訳文**

日：李部長、我が社は中国に合併会社を作ることに興味を持っていますが、先にご意見を伺いたいのですが。
中：ありがとう。どんなものをやりたいのですか。
日：やはり化学工業のような得意なものをやりたいのです。具体的に言えば、中型の染料及び中間原料の工場を建設したいのです。
中：そうですね。中国は開放政策を実行し、外国企業の工場建設に投資することを奨励しています。政府は投資家に多くの優遇政策を与えています。ところで、市場調査をしましたか。
日：しましたが、おおざっぱなものです。これから20年の間に染料及び中間原料の市場は見込みがあると思います。東南アジアには長期の取引先がたくさんいます。彼らはそういう製品をほしがっていますから、海外での販路は問題ありません。
中：原料はどうですか。
日：工場建設の場所を考えているところです。原料は現地で供給すればいいでしょう。
中：運送とエネルギー供給の問題に気を配らなければなりません。
日：あなたのご意見をお聞きしようと思っています。
中：化学関係のものをやる時は、もう一つ環境保護の問題があります。
日：そうです。私たちは中国の関係法規を研究しています。
中：投資額と投資の比率について何かお考えはありませんか。
日：まだ決まっていません。50％の株式を占めるように希望しています。こうすれば管理しやすいです。でも、合併の期限については20年にしてほしいです。
中：投資の形式についてどのようなお考えをお持ちですか。
日：設備投資という形を取ろうと思っています。全ての生産設備は外資側が提供します。
中：新しい設備ですか、それとも中古設備ですか。
日：それは話し合いましょう。

中：投下資本の回収について何かお考えはありませんか。

日：3年で回収できるように希望しています。9年目から外資側の利潤は再び投資することができます。

中：あなたたちの目的と意向がはっきりしていると言えますが、中国側の要求はどうですか。

日：来月の始め上海で商談することになりました。そのときまたお会いしましょう。

中：必ずそうしてください。おいでをお待ちしています。

実 践 練 習

CD45 1 次の文を繰り返し音読し、日本語に訳しなさい。

A：今天想协商一下贵公司的产品在中国生产和销售的问题。

B：可以，我们公司早已注意到中国市场规模之大和惊人的发展情况。

A：贵公司的产品质量好，如在中国生产的话，一定能畅销。在这方面，贵公司有什么打算？

B：近几年，尤其是同行将产品打入中国市场特别明显。因此，我们公司也在作相应的研究。

A：贵公司如有将产品进入中国市场的愿望的话，跟我们公司合资建立"有限责任公司"如何？如合资经营的话，可以发挥各自特长，生产出高技术产品……

B：我们公司已在其他国家设立了子公司，托您的福，获得了一定成功。这些子公司均由我们全部出资。对建立合资公司还没有经验。

A：是吗，如我们合资的话，我们公司以工厂或其他建筑物、用地使用权等作为出资；贵公司可以提供机械设备或包括专利的生产技术等作为出资。

B：的确。那么，我们公司出资50％，社长由我们公司委派如何？

A：我认为，你说的社长是指合资企业的总经理吧。其实，总经理由董事会聘请较好。合资企业与国营企业相比，具有较大的经营自主权。其经营的重要事项或生产销售计划等，由董事会决定。总经理只是执行董事会的决定事项。

ピンイン

A：Jīntiān xiǎng xiéshāng yíxià guì gōngsī de chǎnpǐn zài Zhōngguó shēngchǎn hé xiāoshòu de wèntí.

B：Kěyǐ, wǒmen gōngsī zǎoyǐ zhùyì dào Zhōngguó shìchǎng guīmó zhī dà hé jīngrén de fāzhǎn qíngkuàng.

A：Guì gōngsī de chǎnpǐn zhìliàng hǎo, rú zài Zhōngguó shēngchǎn dehuà, yídìng néng chàngxiāo. Zài zhè fāngmiàn, guì gōngsī yǒu shénme dǎsuan？

B：Jìn jǐ nián, yóuqí shì tóngháng jiāng chǎnpǐn dǎrù Zhōngguó shìchǎng tèbié míngxiǎn. Yīncǐ, wǒmen gōngsī yě zài zuò xiāngyìng de yánjiū.

A：Guì gōngsī rú yǒu jiāng chǎnpǐn jìnrù Zhōngguó shìchǎng de yuànwàng dehuà, gēn wǒmen gōngsī hézī jiànlì "yǒuxiàn zérèn gōngsī" rúhé？ Rú hézī jīngyíng dehuà, kěyǐ fāhuī gèzì tècháng, shēngchǎn chu gāo jìshù chǎnpǐn……

B：Wǒmen gōngsī yǐ zài qítā guójiā shèlìle zǐgōngsī, tuō nín de fú, huòdéle yídìng chénggōng. Zhèxiē zǐgōngsī jūn yóu wǒmen quánbù chūzī. Duì jiànlì hézī gōngsī hái méiyǒu jīngyàn.

A：Shì ma, rú wǒmen hézī dehuà, wǒmen gōngsī yǐ gōngchǎng huò qítā jiànzhùwù. yòngdì shǐyòngquán děng zuòwéi chūzī; guì gōngsī kěyǐ tígōng jīxiè shèbèi huò bāokuò zhuānlì de shēngchǎn jìshù děng zuòwéi chūzī.

B：Díquè. Nàme, wǒmen gōngsī chūzī bǎifēnzhī wǔshí, shèzhǎng yóu wǒmen gōngsī wěipài rúhé？

A：Wǒ rènwéi, nǐ shuō de shèzhǎng shì zhǐ hézī qǐyè de zǒng jīnglǐ ba. Qíshí, zǒng jīnglǐ yóu dǒngshìhuì pìngqíng jiào hǎo. Hézī qǐyè yǔ guóyíng qǐyè xiāngbǐ, jùyǒu jiào dà de jīngyíng zìzhǔquán. Qí jīngyíng de zhòngyào shìxiàng huò shēngchǎn xiāoshòu jìhuà děng, yóu dǒngshìhuì juédìng. Zǒng jīnglǐ zhǐ shì zhíxíng dǒngshìhuì de juéjìng shìxiàng.

2　次の文を中国語に訳しなさい。

1．取締役会は合弁会社の最高権限機構です。

2．合弁企業の合併期間は10年でいいですか。

3．合弁製材工場のお話を喜んで受け入れます。

4．合弁企業にはどんな優遇措置が取られますか。

5．合弁企業の設立の手続きを簡単に説明してください。

6．取締役は、一応国際慣例にしたがって出資割合によって決定します。

7．こちら側から、製材に必要なプラントと生産技術を提供いたします。

8．従業員は、合併企業が公開募集し、試験を行い選抜採用したものです。

9．土地使用権は譲渡できますし、また担保として提供することができます。

10．合併企業は海外販売目的とするもので、品質の一番良いものを生産しなければなりません。

> 語釈

惊人	jīngrén	［形］驚くべき	托福	tuōfú	［動］お陰を被る
畅销	chàngxiāo	［動］よく売れる	专利	zhuānlì	［名］特許
尤其	yóuqí	［副］とりわけ	委派	wěipài	［動］任命する
打入	dǎrù	［動］進出する	总经理	zǒngjīnglǐ	［名］社長
相应	xiāngyìng	［形］それに対応する	董事会	dǒngshìhuì	［名］取締役会
特长	tècháng	［名］特技	聘请	pìnqǐng	［動］招聘する

実践練習回答例

第1課

1 A：ようこそおいでくださいました。
　　B：どうも、わざわざお出迎えくださり、ありがとうございます。
　　A：またお会いできて、本当にうれしく思います。
　　B：私もうれしいです。では、ご紹介いたします。こちらは劉陸です。
　　A：はじめまして、山本一郎と申します。こちらは木下です。よろしくお願いいたします。
　　C：どうぞよろしくお願いいたします。
　　A：李さん、空の旅はいかがでしたか。
　　B：お天気もよくて、非常に快適でした。
　　A：お荷物は、全部そろいましたか。
　　C：はい、そろいました。全部で3個です。
　　A：さあ、行きましょう。木下さん、車を呼んでください。
　　D：はい、車を呼んでまいりますから、少々お待ちください。
　　C：どうもありがとうございます。
　　A：ホテルは「東京ホテル」を取ってあります。お気に召すといいのですが。
　　B：いつもご心配お掛けして、まことに申し訳ありません。
　　A：参りましょうか。こちらです。

2 1．手续都办完了吗？
　　2．公司派我来迎接各位。
　　3．逗留中国期间您住在哪儿？
　　4．早就恭候各位的来纺。
　　5．今天能在这儿见到您，真是非常高兴。
　　6．各位，现在我带大家去上车。
　　7．您来中国有何贵干？
　　8．对不起，您是从日本来的山本先生吗？

201

9．远道而来，一定累了吧？

10．感谢您特意远道前来迎接。

ピンイン

1. Shǒuxù dōu bànwánle ma ?
2. Gōngsī pài wǒ lái yíngjiē gè wèi.
3. Dòuliú Zhōngguó qījiān nín zhùzài nǎr ?
4. Zǎojiù gōnghòu gè wèi de láifǎng.
5. Jīntiān néng zài zhèr jiàndào nín, zhēnshi fēicháng gāoxìng.
6. Gè wèi, xiànzài wǒ dài dàjiā qù shàngchē.
7. Nín lái Zhōngguó yǒu hé guìgàn ?
8. Duìbuqǐ, nín shì cóng Rìběn lái de Shānběn xiānsheng ma ?
9. Yuǎn dào ér lái, yídìng lèile ba ?
10. Gǎnxiè nín tèyì yuǎn dào qiánlái yíngjiē.

第2課

1　A：山本一郎です。2週間ほど前に部屋を予約しておいたのですが。

　　B：ちょっとお待ちください。ただいま調べてみますから。はい、ございました。お二人ですね。

　　A：シングルが二つありますか。

　　B：シングルでもツインでも両方ございます。

　　A：それでは予約しておいたように、シングル二つにしてください。

　　B：はい、かしこまりました。どれくらいご滞在ですか。

　　A：2泊するつもりです。

　　B：お部屋は3階の20号室と21号室でございます。恐れ入りますが、この用紙にご住所とお名前をお書きください。

　　A：はい、これでいいですか。

　　B：はい、結構でございます。ありがとうございました。どうぞルームキーをお持ちください。

2 1．您希望要什么样的房间？
2．请给我介绍一个又便宜又干净的饭店。
3．请 7 点种叫我起来。
4．我没有预定房间，今晚能住吗？
5．我想换钱，在哪儿可以办理？
6．准备住三天，根据情况也可能住四天。
7．您要单人房间还是双人房间？
8．对不起，能让我看一下您的护照吗？
9．您的房间是三楼 8 号。这是房间的钥匙。
10．我是日本××公司的山本一郎。我想订个房间。

ピンイン

1．Nín xīwàng yào shénmeyàng de fángjiān？
2．Qǐng gěi wǒ jièshào yí ge yòu piányi yòu gānjìng de fàndiàn.
3．Qǐng qī diǎn zhōng jiào wǒ qǐlai.
4．Wǒ méiyǒu yùdìng fángjiān, jīnwǎn néng zhù ma？
5．Wǒ xiǎng huànqián, zài nǎr kěyǐ bànlǐ？
6．Zhǔnbèi zhù sān tiān, gēnjù qíngkuàng yě kěnéng zhù sì tiān.
7．Nín yào dānrén fángjiān háishi shuāngrén fángjiān？
8．Duìbuqǐ, néng ràng wǒ kàn yíxià nín de hùzhào ma？
9．Nín de fángjiān shì sān lóu bā hào. Zhè shì fángjiān de yàoshi.
10．Wǒ shì Rìběn ×× gōngsī de Shānběn Yìláng. Wǒ xiǎng dìng ge fángjiān.

第 3 課

1 A：はい、営業部でございます。
B：あの、私は○○会社の山本です。
A：いつもお世話になっています。
B：李部長さんお願いします。
A：申し訳ございませんが、李部長はただいまちょっと席をはずしており

ます。
Ｂ：そうですか。ええと、何時にお戻りになりますか。
Ａ：あと１時間くらいで戻ると思いますが、お急ぎですか。
Ｂ：ええ、少し。
Ａ：では戻りしだいお電話をさしあげますので、念のためお電話番号を伺
　　　えますか。
Ｂ：いや、今、外で電話をしていますので、電話があったことだけ伝えて
　　　ください。
Ａ：かしこまりました。では、失礼します。

2　1．请您转告明天我一点半拜访。
　　　2．现在他不在办公室。
　　　3．预定四点钟左右回来。
　　　4．对不起，我让负责此事的人接电话。
　　　5．对不起，现在正在通话中。
　　　6．等他回来马上给您回电话吧。
　　　7．突然给您打电话，实在抱歉。
　　　8．这就让李经理来接电话，请稍候。
　　　9．希望把十号的约会时间由两点改为四点。
　　　10．很想拜见您并与您面谈。

ピンイン

1．Qǐng nín zhuǎngào míngtiān wǒ yì diǎn bàn bàifǎng.
2．Xiànzài tā bú zài bàngōngshì.
3．Yùdìng sì diǎn zhōng zuǒyòu huílai.
4．Duìbuqǐ, wǒ ràng fùzé cǐ shì de rén jiē diànhuà.
5．Duìbuqǐ, xiànzài zhèngzài tōnghuà zhōng.
6．Děng tā huílai mǎshàng gěi nín huí diànhuà ba.
7．Tūrán gěi nín dǎ diànhuà, shízài bàoqiàn.
8．Zhè jiù ràng Lǐ jīnglǐ lái jiē diànhuà, qǐng shāo hòu.

9. Xīwàng bǎ shí hào de yuēhuì shíjiān yóu liǎng diǎn gǎiwéi sì diǎn.
10. Hěn xiǎng bàijiàn nín bìng yǔ nín miàntán.

第4課

1 A：皆様、お疲れのところ、わざわざご出席いただきまして、誠にありがとうございます。「朋あり、遠方より来る、亦楽しからずや」。今日は無礼講ですから、大いに楽しんでください。「久しぶりに知己にお会いでき、お酒を千杯飲んでもまだ足りません」という言い方が中国にありますね。それでは、友人の皆様のご来日を祝して乾杯いたしましょう。乾杯。

全：乾杯。

B：お招きいただきまして、ありがとうございます。

A：王さん、日本料理はお口に合いますか。

C：はい、私はあっさりした日本料理が大好きです。

A：そうですか。何が一番お好きですか。

C：お刺身が好きです。でも「数の子」は苦手です。

A：李さん、劉さんもっといかがですか。

D：もう十分にいただきました。とてもおいしゅうございました。

B：今晩は、私どものために、かくも盛大な歓迎会を催していただき、感謝にたえません。最後に、中日両国の経済と貿易の発展のために、中日両国人民の友好のために、そして、山本社長をはじめとする皆さんのご健康のために、乾杯させていただきたいと存じます。

全：乾杯。

A：本日は、皆さんと楽しく楽しく過ごすことができました。本当にありがとうございました。

2 1．为欢迎各位的光临，干杯！
2．请不要客气，多吃点儿。

205

3．请利用有限的时间，尽情畅谈。
4．日本饭菜怎么样？合您的口味吗？
5．日本饭菜很好吃，看上去也很好。
6．这道菜是我夫人的拿手菜，请多吃点儿。
7．今天我要告辞了，谢谢您的款待。
8．我们非常欢迎各位日本朋友到上海访问。
9．希望大家尽快适应这里的生活。
10．如果有什么意见和要求，请尽早提出来。

ピンイン

1．Wèi huānyíng gè wèi de guānglín, gānbēi !
2．Qǐng búyào kèqi, duō chī diǎnr.
3．Qǐng lìyòng yǒuxiàn de shíjiān, jìnqíng chàngtán.
4．Rìběn fàncài zěnmeyàng ? Hé Nín de kǒuwèi ma ?
5．Rìběn fàncài hěn hǎo chī, kàn shangqu yě hěn hǎo.
6．Zhè dào cài shì wǒ fūren de náshǒu cài, qǐng duō chī diǎnr.
7．Jīntiān wǒ yào gàocí le, xièxie nín de kuǎndài.
8．Wǒmen fēicháng huānyíng gè wèi Rìběn péngyou dào Shànghǎi fǎngwèn.
9．Xīwàng dàjiā jǐnkuài shìyìng zhèli de shēnghuó.
10．Rúguǒ yǒu shénme yìjian hé yāoqiú, qǐng jǐnzǎo tí chulai.

第5課

1　A：皆さん、よくいらっしゃいました。私は東京〇〇会社の山本一郎でございます。私が案内役をいたします。先ず、超音波流量計を製作する職場を見ていただきます。作業服にお着替えください。
　　B：きれいですね。工場というより、研究所といったほうがもっとふさわしいですね。
　　C：そうですね。手作業は全部コンピュータ自動制御に変わりました。
　　B：すみませんが、このプリント板に取り付けたバッテリもここで生産し

たのですか。
A：いいえ。これは普通のものではなく、使用寿命が5年といった、リジウム・バッテリですから、他社に注文したのです。
C：どうしてですか。自分で生産できないのですか。
A：一番肝心な、心臓に当たる部分は自分で生産しなければなりませんが、ほかの部分は自分で生産するより、他社に依頼するほうが得ですよ。
C：なるほど、原価も大いに下げることができますしね。
B：そちらでは何の実験をしているのですか。
A：うちの流量計は、超音波が水の流れるパイプ内を通る、往復の時間差で流量を計算しますから、流量試験をやるわけです。
B：今日は大変いい勉強になりました。

2　1．预计今年的产量比去年增加15％。
　　2．管理得这么好，真佩服。
　　3．一点儿也不比其他公司差。
　　4．我对生产线自动化很感兴趣。
　　5．我对贵厂的生产情况及产品有了了解。
　　6．欢迎诸位今天来我们公司的工厂参观。
　　7．不仅效率提高了，而且作业环境也得到了改善。
　　8．山本先生你们也到中国去参观游览。
　　9．互相交换了意见，加深了相互之间的理解。
　　10．一个将安全放在首位，井井有条的工厂，生产效率也回高的。

ピンイン

1．Yùjì jīnnián de chǎnliàng bǐ qùnián zēngjiā bǎifēnzhī shíwǔ.
2．Guǎnlǐ de zhème hǎo, zhēn pèifú.
3．Yìdiǎnr yě bù bǐ qítā gōngsī chà.
4．Wǒ duì shēngchǎnxiàn zìdònghuà hěn gǎn xìngqù.
5．Wǒ duì guì chǎng de shēngchǎn qíngkuàng jí chǎnpǐn yǒule liǎojiě.
6．Huānyíng zhūwèi jīntiān lái wǒmen gōngsī de gōngchǎn cānguān.

7．Bùjǐn xiàolǜ tígāo le, érqiě zuòyè huánjìng yě dédàole gǎishàn.
8．Shānběn xiānsheng nǐmen yě dào Zhōngguó qù cānguān yóulǎn.
9．Hùxiāng jiāohuànle yìjian, jiāshēnle xiānghù zhījiān de lǐjiě.
10. Yí ge jiāng ānquán fàngzài shǒuwèi, jǐngjǐng-yǒutiáo de gōngchǎng, shēngchǎn xiàolǜ yě huígāo de.

第6課

1 A：山本さん、今回、圧延機の買い付けをしたいのですが、この仕様で見積もりを作ってもらえませんか。
B：そうですか、それはありがとうございます。ところで、付属品はどうしましょうか。
A：今回は本体だけで、付属品は結構です。
B：スペア・パーツはどうなさいますか。
A：スペア・パーツは2年分を本体とは別に見積りしてください。
B：かしこまりました。見積り条件は。
A：FOB横浜港本船渡しの円建てでお願いします。
B：はい。では、見積書を2、3日中にお届けいたします。
A：それと、できましたら、関連資料も持って来てくださるようにお願いいたします。
B：承知いたしました。
A：また、技術的な問題も出てくると思いますので、その時は、私どものところでエンジニアの方に技術説明をしていただきたいのですが。
B：はい、よろしゅうございます。
A：じゃあ、よろしくお願いいたします。

2 1．价格按款式、原料、尺寸而定。
2．希望成交这笔生意。
3．会尽量满足您的要求。
4．如果大批订货，可以有所降低。

5．研究订购量的结果将马上通知您。
6．明天上午我已有约。
7．如果贵方给予优惠报价，我方可以大批订购。
8．如能按样品生产，我想在日本会十分畅销。
9．能介绍一下贵方的经营项目吗？
10．现在研究贵方的询价，几天之内便给您回信。

ピンイン

1．Jiàgé àn kuǎnshì、yuánliào、chǐcùn ér dìng.
2．Xīwàng chéngjiāo zhè bǐ shēngyi.
3．Huì jǐnliàng mǎnzú nín de yāoqiú.
4．Rúguǒ dàpī dìnghuò, kěyǐ yǒu suǒ jiàngdī.
5．Yánjiū dìnggòuliàng de jiéguǒ jiāng mǎshàng tōngzhī nín.
6．Míngtiān shàngwǔ wǒ yǐ yǒu yuē.
7．Rúguǒ guìfāng jǐyǔ yōuhuì bàojià, wǒfāng kěyǐ dàpī dìnggòu.
8．Rú néng àn yàngpǐn shēngchǎn, wǒ xiǎng zài Rìběn huì shífēn chàngxiāo.
9．Néng jièshào yíxià guìfāng de jīngyíng xiàngmù ma？
10．Xiànzài yánjiū guìfāng de xúnjià, jǐ tiān zhīnèi biàn gěi nín huíxìn.

第7課

1 A：どうぞお掛けください。
B：ありがとうございます。今日は、先日ご依頼いただきました見積りを持ってまいりました。
A：どの分ですか。
B：プロセス・コンピュータのクォーテーションです。ご検討ください。
A：では、拝見させていただきます。
B：これは関連の技術資料です。
A：ありがとうございます。
B：どうかよろしくお願いいたします。ほかにも何か必要な資料がありま

したら、すぐお持ちいたします。

A：お願いいたします。

B：今日はお忙しいところをお邪魔いたしました。

A：いいえ、見積りをお持ちいただきまして、ありがとうございました。

B：こちらこそ、引き合いをいただきまして、ありがとうございました。

A：早速検討いたします。

B：はい。よい返事をお待ちいたしております。それでは、失礼いたします。

2　1．比平时高了很多。

2．让我们来谈生意，好吗？

3．如再降价，连成本都不够。

4．如果以这个价格买进，很难卖掉。

5．你方报价比上次高。

6．这是优惠价，再不能降低价格。

7．如果你们不降价就谈不成。

8．因为您是老客户，将特别给您5％的折扣。

9．大家都听说过东京的物价居世界最高这件事把？

10．关于××产品的价格，请贵方先谈谈看法。

ピンイン

1．Bǐ píngshí gāole hěn duō.

2．Ràng wǒmen lái tán shēngyi, hǎo ma ?

3．Rú zài jiàngjià, lián chéngběn dōu bú gòu.

4．Rúguǒ yǐ zhège jiàgé mǎijìn, hěn nán màidiào.

5．Nǐfāng bàojià bǐ shàng cì gāo.

6．Zhè shì yōuhuìjià, zài bù néng jiàngdī jiàgé.

7．Rúguǒ nǐmen bú jiàngjià jiù tánbuchéng.

8．Yīnwei nín shì lǎo kèhù, jiāng tèbié gěi nín bǎifēnzhī wǔ de zhékòu.

9．Dàjiā dōu tīngshuōguo Dōngjīng de wùjià jū shìjiè zuì gāo zhè jiàn shì ba ?

10．Guānyú ×× chǎnpǐn de jiàgé, qǐng guìfāng xiān tántan kànfǎ.

第 8 課

1　A：よくいらっしゃいました。どうぞお掛けください。
　　B：はい。今日はご契約をいただけるということで、契約書を持参しました。
　　A：交渉で時間が掛かりましたが、ようやくまとまりましたね。どうもお手数をお掛けしました。
　　B：いいえ、どういたしまして。早速ですが、こちらが正式の契約書でございます。頂いた草案のコメントもすべて加えてありますので、どうぞご覧ください。
　　A：そうですか。では、拝見いたします。確かに打ち合わせ通りの内容になっています。これで結構です。ところで、くどいようですが、納期に関しては、間違いないでしょうね。
　　B：ええ、ご要望通りに実施します。
　　A：実は、今回の注文品には、オーバーホール用もありますので、それに間に合わないと、私どもでも大変なことになります。
　　B：それは私どもも、メーカーも十分心得ておりますが、天災やその他の不可抗力による遅延につきましては、ご了解いただきたいと思います。
　　A：もちろんそうですが、私どもは「契約を重んじ、信用を守る」のが何よりも大切と考えておりますので、ぜひよろしくお願いいたします。

2　1．请在本合同上签字。
　　2．我方一定信守合同。
　　3．请贵方说服用户要履行合同。
　　4．务请按合同规定期限交货。
　　5．希望签长期合同，有可能吗？
　　6．这里和我们昨天谈的内容有些出入。
　　7．这是根据昨天洽谈内容草拟的合同。
　　8．为了慎重起见，请再确认一下本合同的所有条款。
　　9．我们公司在交货期方面从没违约过。

211

10. 本备忘录用中、日文写成，具有同等效力。

ピンイン

1. Qǐng zài běn hétóng shàng qiānzì.
2. Wǒfāng yídìng xìnshǒu hétóng.
3. Qǐng guìfāng shuōfú yònghù yào lǚxíng hétóng.
4. Wù qǐng àn hétóng guīdìng qīxiàn jiāohuò.
5. Xīwàng qiān chángqī hétóng, yǒu kěnéng ma？
6. Zhèli hé wǒmen zuótiān tán de nèiróng yǒu xiē chūrù.
7. Zhè shì gēnjù zuótiān qiàtán nèiróng cǎonǐ de hétóng.
8. Wèile shènzhòng qǐjiàn, qǐng zài quèrèn yíxià běn hétóng de suǒyǒu tiáokuǎn.
9. Wǒmen gōngsī zài jiāohuòqī fāngmiàn cóng méi wéiyuēguo.
10. Běn bèiwànglù yòng Zhōng、Rìwén xiěchéng, jùyǒu tóngděng xiàolì.

第9課

1 A：次に包装について話し合いましょう。

B：結構です。包装の条件ですね。

A：そうです。包装の条件は、遠距離の海上輸送に適した、防湿、さび止め、防振、そして運搬に耐えうる頑丈な木箱を使用することとしてください。

B：はい、それは問題ありません。

A：電気製品はコンテナーでお願いします。

B：コンテナーですと、製品一つ一つの包装が段ボール箱になる場合もあります。

A：かまいません。一箱ごとに、その風袋込み重量、正味重量、箱の番号、体積、防湿、天地無用、壊れ物注意などの文字や荷印を明確に記入してください。

B：はい、かしこまりました。

A：そして、もし重量が9トンを超えるか、長さが10メートルを超えるか、

または幅と高さが3メートルを超える貨物については、一件ごとに、その風袋込み重量と外回り寸法を列記して、我が社に通知してください。

B：それはいつごろ通知すればいいですか。

A：船積み通知の時にお願いします。

B：はい、承知しました。本日伺いました件は業者に必ず伝えますので、ご安心ください。

A：よろしくお願いします。

2 1．贵方打算采用什么包装材料？

2．一流的产品需要一流的包装。

3．我认为这是包装不好造成的损失。

4．因包装不良造成的损失，由卖方承担。

5．用麻袋包装，每吨增加10美元。

6．最好是既便宜又牢固的包装。

7．对包装有特殊要求，要另外收费。

8．请将这个装置按原装整件装入木箱运送。

9．今天我门商量一下包装问题，好吗？

10．以经济实惠的角度看，如果使用纸箱，可以减轻重量，节省运费。

ピンイン

1．Guìfāng dǎsuan cǎiyòng shénme bāozhuāng cáiliào ?

2．Yīliú de chǎnpǐn xūyào yīliú de bāozhuāng.

3．Wǒ rènwéi zhè shì bāozhuāng bù hǎo zàochéng de sǔnshī.

4．Yīn bāozhuāng bù liáng zàochéng de sǔnshī, yóu màifāng chéngdān.

5．Yòng mádài bāozhuāng, měi dūn zēngjiā shí měiyuán.

6．Zuìhǎo shì jì piányi yòu láogù de bāozhuāng.

7．Duì bāozhuāng yǒu tèshū yāoqiú, yào lìngwài shōufèi.

8．Qǐng jiāng zhège zhuāngzhì àn yuánzhuāng zhěngjiàn zhuāngrù mùxiāng yùnsòng.

9．Jīntiān wǒmen shāngliang yíxià bāozhuāng wèntí, hǎo ma?

10．Yǐ jīngjì shíhuì de jiǎodù kàn, rúguǒ shǐyòng zhǐxiāng, kěyǐ jiǎnjīng zhòngliàng, jiéshěng yùnfèi.

第10課

1 A：李さん、先日の見積りの件で、お話があるとのことですが、どのようなことでしょうか。

B：ええ、そろそろ見積りの検討も終わるところなのですが、取引条件を話し合っておきたいと思いまして、おいで願ったのです。

A：取引条件とおっしゃいますと。

B：はい。まず、決済条件はどうなっていますか。

A：円建てを考えております。

B：円建てですか、ドル建てでは、どうでしょうか。

A：ドルと円の為替レートが不安定なので、契約レートの設定などちょっと面倒なことがあります。

B：そうですね。円建てで結構です。次に決済の条件はどうされますか。

A：FOB横浜港本船渡し値でいかがでしょうか。

B：結構です。

A：次に支払い条件は100％の取り消し不能一覧払いL／Cでお願いしたいのですが。

B：100％のL／Cですか。ユーザンスならいいのですが、ご希望ですので、そうしましょう。

A：ありがとうございます。ところで、L／C開設銀行はどちらですか。

B：北京の中国銀行本店です。

A：分かりました。

2 1．我们采用信用证方式结算。

2．老实说，我们不能再让步了。

3．现在我们来讨论支付条件吧！

4．付款定于发票日期起30天以内。

5．一收到装运单据，我们就立刻核对并付款。

6．我们同意即时付款方式，但下不为例。

7．过期支付，交月息1.5％的滞纳金。

8．关于支付条件，想请您给确认一下。

9．日本的银行，证券公司具有相当的国际竞争能力。

10．我们公司好好商讨后，再由我们跟您联系。

ピンイン

1．Wǒmen cǎiyòng xìnyòngzhèng fāngshì jiésuàn.
2．Lǎoshi shuō, wǒmen bù néng zài ràngbù le.
3．Xiànzài wǒmen lái tǎolùn zhīfù tiáojiàn ba!
4．Fùkuǎn dìngyú fāpiào rìqī qǐ sānshí tiān yǐnèi.
5．Yì shōudào zhuāngyùn dānjù, wǒmen jiù lìkè héduì bìng fùkuǎn.
6．Wǒmen tóngyì jíshí fùkuǎn fāngshì, dàn xiàbùwéilì.
7．Guòqī zhīfù, jiāo yuèxī bǎifēnzhī yì diǎn wǔ de zhìnàjīn.
8．Guānyú zhīfù tiáojiàn, xiǎng qǐng nín gěi quèrèn yíxià.
9．Rìběn de yínháng, zhèngquàn gōngsī jùyǒu xiāngdāng de guójì jìngzhēng nénglì.
10．Wǒmen gōngsī hǎohǎo shāngtǎo hòu, zài yóu wǒmen gēn nín liánxì.

第11課

1　A：ところで、船積港はどこですか。

　　B：わが社にとって大連より天津のほうが便利だから、天津にしたいです。陸揚港はお決めになりましたか。

　　A：ええ、陸揚港は希望通り大阪にすることになっています。いつごろ貨物引渡しできますか。

　　B：最初のロットは11月下旬にしますが、第2ロットは12月の下旬にした

いと思います。

A：12月の下旬はお正月に近いですから、12月上旬に納品していただけませんか。

B：12月上旬ではちょっと無理だと思います。早くとも12月の中旬です。

A：では12月の中旬にお願いします。

B：船積の時、どうしてもL／Cが必要ですから、ぜひ船積日の30日までにL／Cが届くようにお願いします。

A：はい、分かりました。だが積月の１ケ月前に船積予定日を知らせてください。

B：はい、必ず知らせます。

2 1．请派船来。
2．装船需要多少时间？
3．我方想把卸货港改为横宾。
4．我方负责租船。
5．信用证一到，马上装船。
6．可否提前半个月交货？
7．我方希望延长船期。
8．对我方来说，9月底装船已是尽最大努力了。
9．贵公司所订货物，随时可以装船。
10．由于气候的原因，估计要推迟2、3天到达目的港。

ピンイン

1．Qǐng pài chuán lái.
2．Zhuāngchuán xūyào duōshao shíjiān？
3．Wǒfāng xiǎng bǎ xièhuògǎng gǎiwéi Héngbīn.
4．Wǒfāng fùzé zū chuán.
5．Xìnyòngzhèng yí dào, mǎshàng zhuāngchuán.
6．Kěfǒu tíqián bàn ge yuè jiāohuò？
7．Wǒfāng xīwàng yáncháng chuánqī.
8．Duì wǒfāng lái shuō, jiǔyuè dǐ zhuāngchuán yǐ shì jìn zuì dà nǔlì le.

```
 9. Guì gōngsī suǒ dìng huòwù, suíshí kěyǐ zhuāngchuán.
10. Yóuyú qìhòu de yuányīn, gūjì yào tuīchí liǎng、sān tiān dàodá mùdìgǎng.
```

第12課

1 A：この合意書の詳細について、教えていただけないでしょうか。これらの貨物についてすでに付保されましたか。

B：はい、保険会社に話したことはあるのですが、これらの貨物はCIFで契約することを考えまして、WPAで付保したほうがいいと思います。その他に、何かございますか。

A：別にありません。ただ、これらの貨物の破損品はWPAに含まれるかどうか知りたいのです。これらの貨物は壊れやすいのです。

B：実際、すべての破損がWPAに含まれるわけではありません。天災と海上以外の事故による破損は含まれません。貨物船の座礁、沈没、あるいは火災や爆発または衝突による破損はWPAに属します。それ以外は損害保険に属します。必要ならば、この条項をつけてもいいですよ。

A：しかし、それは付加保険でしょう。

B：はい、それに普通、この保険料は買い手に負担していただくことになっています。

A：はい、分かりました。全損害保険にすれば、損害保険以外の保険料を負担することになりますか。

B：いいえ、その必要はありません。損害保険は全損害保険に含まれています。しかし、保険レートが少し高くなります。

2 1. 保险公司答应全额赔偿。
2. 希望尽可能低额投保。
3. 按照CIF价格条件，投保水渍险。
4. 我想还是办理一切险有保障。

5．因为是FOB条件，所以由买方自行投保。
6．若不办理一切险，万一出了什么问题，损失可就大了
7．我们公司可代贵公司追加投保，但追加保险费由贵公司支付。
8．责任在于船运公司，请向船方提出赔偿损失的要求。
9．这批货易破损，需要追加投保破损险。
10．这次交易是以FOB条件成交，所以请贵方自己投保。

ピンイン

1．Bǎoxiǎn gōngsī dāying Quán'é péicháng.
2．Xīwàng jìn kěnéng dī'é tóubǎo.
3．Ànzhào CIF jiàgé tiáojiàn, tóubǎo shuǐzìxiǎn.
4．Wǒ xiǎng háishi bànlǐ yíqièxiǎn yǒu bǎozhèng.
5．Yīnwei shì FOB tiáojiàn, suǒyǐ yóu mǎifāng zìxíng tóubǎo.
6．Ruò bú bànlǐ yíqièxiǎn, wànyī chūle shénme wèntí, sǔnshī kě jiù dà le.
7．Wǒmen gōngsī kě dài guì gōngsī zhuījiā tóubǎo, dàn zhuījiā bǎoxiǎnfèi yóu guì gōngsī zhīfù.
8．Zérèn zàiyú chuányùn gōngsī, qǐng xiàng chuánfāng tíchū péicháng sǔnshī de yāoqiú.
9．Zhè pī huò yì pòsǔn, xūyào zhuījiā tóubǎo pòsǔnxiǎn.
10．Zhè cì jiāoyì shì yǐ FOB tiáojiàn chéngjiāo, suǒyǐ qǐng guìfāng zìjǐ tóubǎo.

第13課

1 A：李所長、お久しぶりです。きっとお忙しいのでしょう。

B：山本さん、お久しぶりです。

A：李所長、今日はお願いしたいことがあります。

B：どうぞお座りください。ごゆっくりお話ください。

A：お願いというのはこういうことなのです。私の会社が上海シャツ工場に加工委託した品物に品質の問題が起こりました。できましたら、こちらの局の人を派遣していただき、私と一緒に検査していただきたいのです。

Ｂ：その品物はどこにありますか。

Ａ：上海港にあります。

Ｂ：品物を出荷する前に検査をしましたか。

Ａ：明日発送しなければならないのですが、工場が一週間の正月休みで、昨日やっと品物が出来上がりました。納期が遅れる恐れがあるので、検査員が表面をちょっと見ただけで、工場から直接港に出してしまいました。

Ｂ：それでは、すぐにこちらの３人と貴方と一緒に港に行きましょう。どうでしょうか。

Ａ：それは結構ですね。

2 1．这和我方检验结果一致。

2．还有一个问题，就是复验的时间和地点。

3．我也相信不会出现什么麻烦。

4．我带来了一份商检局出具的检验证明。

5．今天我给你们带来了不愉快的消息。

6．我对我们商品的品质是很自信的。

7．进口商品一般按生产国的标准实行检验。

8．咱们现在谈谈商品检验问题吧。

9．这批货物主要是食品，时间不能太长。

10．这是保险公司出具的保险证明，请贵方过目。

ピンイン

1．Zhè hé wǒfāng jiǎnyàn jiéguǒ yízhì.

2．Hái yǒu yí ge wèntí, jiù shì fùyàn de shíjiān hé dìdiǎn.

3．Wǒ yě xiāngxìn bú huì chūxiàn shénme máfan.

4．Wǒ dàilaile yí fèn shāngjiǎnjú chūjù de jiǎnyàn zhèngmíng.

5．Jīntiān wǒ gěi nǐmen dàilaile bù yúkuài de xiāoxi.

6．Wǒ duì wǒmen shāngpǐn de pǐnzhì shì hěn zìxìn de.

7．Jìnkǒu shāngpǐn yìbān àn shēngchǎnguó de biāozhǔn shíxíng jiǎnyàn.

8．Zánmen xiànzài tántan shāngpǐn jiǎnyàn wèntí ba.

> 9．Zhè pī huòwù zhǔyào shì shípǐn, shíjiān bù néng tài cháng.
> 10．Zhè shì bǎoxiǎn gōngsī chūjù de bǎoxiǎn zhèngmíng, qǐng guìfāng guòmù.

第14課

1 A：どうも、こんにちは。

B：こんにちは。

A：お掛けください。

B：失礼します。先日はどうもお世話になりました。

A：いいえ、こちらこそ、ありがとうございました。

B：実は、今日はクレームの約款について、お話したいと思いまして、伺いました。

A：はい、分かりました。

B：後でもめ事のないように、はじめにはっきりとお話しておけば、不愉快なことはないと思います。

A：それはごもっともです。

B：いずれにしても、契約の規定通りにしてくだされば、クレームなど出るはずはありません。もし契約貨物の破損、または規格、数量が契約書と一致しないことが分かれば、クレームをつけます。もちろん、海上輸送中に生じたものでしたら、船会社にクレームをつけます。

A：では、海上輸送中でない場合について、何かご要望がございますか。

B：貴社は当社の要望に基づいて、無償で貨物を交換するか、不足分を補足するか、または価格を引き下げるなどの方法で処理してください。

A：かしこまりました。ただし、クレームは貨物が仕向港に着いた日から90日以内に当社にご通知ください。

B：はい。そういたします。

2　1．对不合格产品要求赔偿。

　　2．八月到大阪的货数量不够。

3．很遗憾，我方不承担该赔偿损失的责任。
4．相信通过双方努力，可以圆满解决索赔问题。
5．开包一看所有的箱子都短缺5公斤。
6．现货与样品不一致，请予无偿更换。
7．因为贵方违反合同，所以贵方有责任赔偿我方的损失。
8．这次损坏是运输途中发生的，请向运输公司交涉。
9．这是由于在码头野蛮装卸所造成的损伤。
10．这次完全由我方失误所致，所以我方无偿调换新货。

ピンイン

1．Duì bù hégé chǎnpǐn yāoqiú péicháng.
2．Bāyuè dào Dàbǎn de huò shùliàng bú gòu.
3．Hěn yíhàn, wǒfāng bù chéngdān gāi péicháng sǔnshī de zérèn.
4．Xiāngxìn tōngguò shuāngfāng nǔlì, kěyǐ yuánmǎn jiějué suǒpéi wèntí.
5．Kāibāo yí kàn suǒyǒu de xiāngzi dōu duǎnquē wǔ gōngjīn.
6．Xiànhuò yǔ yàngpǐn bù yízhì, qǐng yǔ wúcháng gēnghuàn.
7．Yīnwei guìfāng wéifǎn hétóng, suǒyǐ guìfāng yǒu zérèn péicháng wǒfāng de sǔnshī.
8．Zhè cì sǔnhuài shì yùnshū túzhōng fāshēng de, qǐng xiàng yùnshū gōngsī jiāoshè.
9．Zhè shì yóuyú zài mǎtou yěmán zhuāngxiè suǒ zàochéng de sǔnshāng.
10．Zhè cì wánquán yóu wǒfāng shīwù suǒzhì, suǒyǐ wǒfāng wúcháng diàohuàn xīn huò.

第15課

1 A：国際貿易と合弁経営の場合では、たまには何らかのトラブルが生じるのは避けられないことですが、お国ではその紛争をどのように解決していますか。

B：いろいろなケースがありますが、お互いの話し合いによる円満な解決が一番望ましい。事実、ほとんどの紛争は話し合いで解決されていま

す。

A：もし、話し合いで解決できなければ、法律、つまり国家権力に頼ることになりますか。

B：訴訟はもちろん紛争解決の一つのケースですが、実際には、それはまれにしか利用していません。

A：どうすればいいですか。

B：こういう場合は、普通、調停もしくは仲裁によって解決することが多いです。今後の国際貿易の紛争解決手段として、仲裁は有力視されています。

A：日本の場合は、常設仲裁機関としては、海事紛争を仲裁する日本海運集会所と総合的な仲裁機関である国際商事仲裁協会がありますが、そんな機関が中国にもありますか。

B：あります。たとえば、中国国際貿易促進会対外経済仲裁委員会がそれです。

A：仲裁で解決する場合には、必ず中国側の常設仲裁機関に頼らなければなりませんか。

B：それは双方の当事者の合意によって決められることです。

2 1．合同中需要有关于纠纷仲裁的条款。
2．发生纠纷时，通过协议解决。
3．仲裁作出的决定是终决，对当事人有约束力。
4．诉讼是可由当事人两方的一方提出的解决方式。
5．仲裁机关就指定国际商事仲裁协会大阪分会吧。
6．我们希望通过友好协商解决此次违约事件。
7．既然搞合资企业，不用说双方要同心协力。
8．如双方协商解决不了时，可诉诸仲裁。
9．我们无论如何也不能接受仲裁的结论，所以过几天将提出起诉。
10．万一当事者双方之间找不到妥协点，首先需要由第三者出面调停。

ピンイン

> 1. Hétóng zhōng xūyào yǒu guānyú jiūfēn zhòngcái de tiáokuǎn.
> 2. Fāshēng jiūfēn shí, tōngguò xiéyì jiějué.
> 3. Zhòngcái zuòchū de juédìng shì zhōnjué, duì dānshìrén yǒu yuēshùlì.
> 4. Sùsòng shì kě yóu dāngshìrén liǎng fāng de yì fāng tíchū de jiějué fāngshì.
> 5. Zhòngcái jīguān jiù zhǐdìng guójì shāngshì zhòngcái xiéhuì Dàbǎn fēnhuì ba.
> 6. Wǒmen xīwàng tōngguò yǒuhǎo xiéshāng jiějué cǐ cì wéiyuē shìjiàn.
> 7. Jìrán gǎo hézī qǐyè, búyòng shuō shuāngfāng yào tóngxīn-xiélì.
> 8. Rú shuāngfāng xiéshāng jiějuébuliǎo shí, kě sù zhū zhòngcái.
> 9. Wǒmen wúlùn rúhé yě bù néng jiēshòu zhòngcái de jiélùn, suǒyǐ guò jǐ tiān jiāng tíchū qǐsù.
> 10. Wànyī dāngshìzhě shuāngfāng zhījiān zhǎobudào tuǒxiédiǎn, shǒuxiān xūyào yóu dì-sān zhě chūmiàn tiáotíng.

第16課

1 A：今回は貴社の販売代理についてご相談に乗っていただきたいと思いまして伺いました。

B：そうですか。お忙しいところをわざわざお越しいただきまして、ありがとうございます。ご来訪をお待ちしていました。

A：ありがとうございます。今年着いた貴社の製品は、デザインも品質も優れたものばかりで、値段も手ごろでしたのでとてもよく売れております。

B：そうですか。それはよかったです。その件について、ほかの日本の輸入商社からも、同じ情報を頂いておりまして、大変うれしく思っているところです。

A：5年前から、貴社と我が社が協力してまいりました努力が報われ、貴社の製品が日本の市場に認められたと考えております。

B：確かにおっしゃる通りです。貴社にいつもご高配にあずかり大変感謝しております。

A：いいえ、こちらこそ。ところで、今年は我が社ではさらにその販路を開拓するつもりでいますので、私どもに販売代理をさせていただければ、双方に満足できる利益が得られると考えております。

B：そうですね。でも、ほかの会社からもすでに販売代理店契約の申し込みが届いておりまして、どうするか検討中です。

A：そうですか。

2
1．新产品的销路好吗？
2．代理店的费率为10％，您看可以吗？
3．最近有不少退货和取消订购的，真难办。
4．希望能让我们公司作为贵公司的销售代理。
5．您对广告费、保管费等费用如何考虑？
6．可以同贵公司签订为期3年的总代理合同吗？
7．新产品很好销，现在已在有关市场占了很大份额。
8．可以请贵公司作我们公司在东北地区的总代理吗？
9．超过代理指标的那一部分，再追加3％的代理费。
10．想向您了解一下新产品的销售情况以及顾客和贵公司的意见。

ピンイン

1．Xīn chǎnpǐn de xiāolù hǎo ma?
2．Dàilǐdiàn de fèilǜ wéi bǎifēnzhī shí, nín kàn kěyǐ ma?
3．Zuìjìn yǒu bùshǎo tuìhuò hé qǔxiāo dìnggòu de, zhēn nán bàn.
4．Xīwàng néng ràng wǒmen gōngsī zuòwéi guì gōngsī de xiāoshòu dàilǐ.
5．Nín duì guǎnggàofèi, bǎoguǎnfèi děng fèiyòng rúhé kǎolǜ?
6．Kěyǐ tóng guì gōngsī qiāndìng wéiqī sān nián de zǒng dàilǐ hétóng ma?
7．Xīnchǎnpǐn hěn hǎo xiāo, xiànzài yǐ zài yǒuguān shìchǎng zhànle hěn dà fèn'é.
8．Kěyǐ qǐng guì gōngsī zuò wǒmen gōngsī zài Dōngběi dìqū de zǒng dàilǐ ma?
9．Chāoguò dàilǐ zhǐbiāo de nà yí bùfen, zài zhuījiā bǎifēnzhī sān de dàilǐfèi.
10．Xiǎng xiàng nín liǎojiě yíxià xīn chǎnpǐn de xiāoshòu qíngkuàng yǐjí gùkè hé guì gōngsī de yìjian.

第17課

1 A：こんにちは。よくいらっしゃいました。どうぞ、お掛けください。
　B：今日は入札について、ちょっとお聞きしたいことがありまして、お伺いいたしました。
　A：そうですか、どうぞご遠慮なく。
　B：先日、新聞に貴社の入札広告が出ていましたので、応札しようかと思います。
　A：水力発電のことですね。応札を歓迎いたします。
　B：手続きはどのようにしたら、よろしいのですか。
　A：ちょっとお待ちください。失礼いたしました。こちらが入札書類ですが、入札条件や注意事項をよく検討のうえ、入札書類を作成し、5月31日までに提出してくだされば、結構です。
　B：分かりました。それと、入札保証金はいつお支払いすれば、いいのですか。
　A：入札保証金は入札書類を提出するときに入札金額の2％を納めていただくことになります。
　B：落札者には通知がありますね。
　A：入札書類を受け取った後、それぞれに開札し、その内容を十分に審査して、業者を決定いたします。その業者にはもちろん落札通知をいたします。

2　1．招标文件什么时候卖？
　2．这次是公开招标吗？
　3．投标时间从9月1日到15日。
　4．申请截止期是12月18日上午9时30分。
　5．请介绍一下关于发电设备的投标条件。
　6．外资企业也可以参加出口商品配额投标吗？
　7．A公司中标××炼铁厂的火力发电设备。
　8．参加国际投标，要求参加投标人付保证金。

9．由招标办公室实施严格的资格审查，不合格的企业不允许参加投标。
10．虽然已经中标却拒绝签订合同，投标保证金将被没收。

ピンイン

1．Zhāobiāo wénjiàn shénme shíhou mài？
2．Zhè cì shì gōngkāi zhāobiāo ma？
3．Tóubiāo shíjiān cóng jiǔyuè yí rì dào shíwǔ rì.
4．Shēnqǐng jiézhǐqī shì shí'èryuè shíbā rì shàngwǔ jiǔ shí sānshí fēn.
5．Qǐng jièshào yíxià guānyú fādiàn shèbèi de tóubiāo tiáojiàn.
6．Wàizī qǐyè yě kěyǐ cānjiā chūkǒu shāngpǐn Pèi'é tóubiāo ma？
7．A gōngsī zhòngbiāo liàntiěchǎng de huǒlì fādiàn shèbèi.
8．Cānjiā guójì tóubiāo, yāoqiú cānjiā tóubiāorén fù bǎozhèngjīn.
9．Yóu zhāobiāo bàngōngshì shíshī yángé de zīgé shěnchá, bù hégé de qǐyè bù yǔnxǔ cānjiā tóubiāo.
10．Suīrán yǐjing zhòngbiāo què jùjué qiāndìng hétóng, tóubiāo bǎozhèngjīn jiāng bèi mòshōu.

第18課

1 A：李さん、あなたに相談したいことがあります。

B：何でしょう。どうぞ遠慮なくお話ください。

A：契約を結んだ後で、我が社は15名の技術者を貴社に派遣して、技術面で貴社の社員に協力させる予定です。その他、完成品を発送する前に、彼らに完成品を検査させる必要があります。このようにしても、貴社は気になさらないでしょうか。

B：山本さんはとても遠慮されていますね。貴社から技術者を派遣していただければ、双方にとって有益で、賛成です。

A：これら技術者のすべての費用は、我が社が負担いたします。

B：結構です。山本さん、これらの技術者が技術面で私たちに協力していただく以外に、さらに必要な技術資料と青写真を提供していただけないでしょうか。

A：いいですよ。我が社にこの事を話してみましょう。

2　1．加工费是个最重要的问题。
　　2．今天想谈谈同贵公司技术合作问题。
　　3．现在的年轻人不愿意做这种赚头少又累的活儿。
　　4．以前我可以没有加工过这种大规格法兰盘。
　　5．专业技术是不如发明那样高的技术，所以不能获得专利权。
　　6．这次的加工费定为400日元一件，不知是否可以？
　　7．专业技术与专利权不同，没有法定效力。
　　8．千万不能混入不合格的产品，一定要按照我们的规格加工。
　　9．通过这些方式使贵公司的技术人员掌握有关生产技术。
　　10．这次是特殊成套设备用的，所以，材料需要具有很强的耐腐蚀性。

ピンイン

1．Jiāgōngfèi shì ge zuì zhòngyào de wèntí.
2．Jīntiān xiǎng tántan tóng guì gōngsī jìshù hézuò wèntí.
3．Xiànzài de niánqīngrén bú yuànyi zuò zhè zhǒng zhuàntou shǎo yòu lèi de huór.
4．Yǐqián wǒ kěyǐ méiyǒu jiāgōngguo zhè zhǒng dà guīgé fǎlánpán.
5．Zhuānyè jìshù shì bùrú fāmíng nàyàng gāo de jìshù, suǒyǐ bù néng huòdé zhuānlìquán.
6．Zhè cì de jiāgōngfèi dìngwéi sìbǎi rìyuán yí jiàn, bù zhī shìfǒu kěyǐ?
7．Zhuānyè jìshù yǔ zhuānlìquán bùtóng, méiyǒu fǎdìng xiàolì.
8．Qiānwàn bù néng hùnrù bù hégé de chǎnpǐn, yídìng yào ànzhào wǒmen de guīgé jiāgōng.
9．Tōngguò zhèxiē fāngshì shǐ guì gōngsī de jìshù rényuán zhǎngwò yǒuguān shēngchǎn jìshù.
10．Zhè cì shì tèshū shéngtào shèbèi yòng de, suǒyǐ, cáiliào xūyào jùyǒu hěn qiáng de nàifǔshíxìng.

第19課

1　A：今年になって、中国の情勢は著しくよくなり、改革の足取りも速くなり、対外開放もさらに拡大されましたね。
　　B：そうです。対外開放は一段と拡大されて、中央政府は辺境にある13の都市、長江沿岸の28の都市と8つの地域を対外開放区とすることを新しく発表し、一部の都市では、外資利用権の拡大が認可されました。
　　A：それなら、今、開発区はかなりあるでしょう。
　　B：そうです。各地にさまざまな開発区が100以上あります。
　　A：それは大変いいことですね。
　　B：だから、今は中国各地に投資ブームが巻き起こって、「三資企業」は数えきれないほど続々と現れています。
　　A：「三資企業」とは何ですか。
　　B：それは全額外資企業、合作経営企業、合弁企業のことです。
　　A：全額外資企業とはつまり独資企業のことですか。
　　B：はい、そうです。
　　A：合作経営企業と合弁企業は似ているようですが、どんな違いがあるのですか。
　　B：合作経営企業は外国の企業、その他の経済組織あるいは個人が、中国の企業あるいはその他の経営組織と合作で、中国に設立した経済組織です。組織形態上、中国の法人資格を有する独立した合作企業を設立することもできるし、また合作当事者各自の契約による合作プロジェクトにすることもできます。

2　1．这是刚出版的"中小企业白皮书"。
　　2．我们期待国外的中小企业向中西部地区投资。
　　3．我省成为外国投资家关注的地方。
　　4．发挥丰富的资源优势，积极吸引国内外资金。
　　5．西北地区天然气、煤、石油、有色金属等矿产资源丰富。
　　6．中西部地区包括18个省，自治区，面积占全国的86％。

7．这几年，我省在利用外资开发资源方面取得了一定的成果。
8．中国在世界上也是拥有矿产资源种类多，蕴藏量较丰富的国家之一。
9．政府已开始加大对中西部地区支持的力度，采取了优惠措置以发展经济。
10．中国的中小企业在所有制形态上有国有，集体，乡镇，私营等多种形态。

ピンイン

1．Zhè shì gāng chūbǎn de "zhōngxiǎo qǐyè báipíshū".
2．Wǒmen qīdài guówài de zhōngxiǎo qǐyè xiàng zhōngxībù dìqū tóuzī.
3．Wǒ shěng chéngwéi wàiguó tóuzījiā guānzhù de dìfang.
4．Fāhuī fēngfù de zīyuán yōushì, jījí xīyǐn guónèiwài zījīn.
5．Xīběi dìqū tiānránqì, méi, shíyóu, yǒusè jīnshǔ děng kuàngchǎn zīyuán fēngfù.
6．Zhōngxībù dìqū bāokuò shíbā ge shěng, zìzhìqū, miànjī zhàn quánguó de bǎifēnzhī bāshíliù.
7．Zhè jǐ nián, wǒ shěng zài lìyòng wàizī kāifā zīyuán fāngmiàn qǔdéle yídìng de chéngguǒ.
8．Zhōngguó zài shèjiè shàng yě shì yōngyǒu kuàngchǎn zīyuán zhǒnglèi duō, yùncángliàng jiào fēngfù de guójiā zhīyī.
9．Zhèngfǔ yǐ kāishǐ jiādà duì zhōngxībù dìqū zhīchí de lìdù, cǎiqǔle yōuhuì cuòzhì yǐ fāzhǎo jīngjì.
10．Zhōngguó de zhōngxiǎo qǐyè zài suǒyǒuzhì xíngtài shàng yǒu guóyǒu, jítǐ, xiāngzhèn, sīyíng děng duō zhǒng xíngtài.

第20課

1 A：今日は、貴社の製品を中国で製造販売することについて、ご相談したいと思います。

B：それは結構です。我が社は以前から中国市場の規模の大きさと、その著しい発展ぶりに注目していました。

A：貴社の製品は品質もよく、中国で製造すれば必ず売れると思いますが、

この点について、貴社はどのようにお考えでしょうか。

B：近年、特に同業者の中国進出が目立ちますので、我が社もそれなりの検討はいたしております。

A：貴社が中国進出のお気持ちがお有りなら、我が社と合弁経営の有限責任公司を作りませんか。合弁経営をすれば、各自の特長を生かして、ハイテク製品が作れると思いますが。

B：私どもは、すでに他の国で子会社を作り、おかげさまで、それなりに成功しております。しかし、これらの子会社はすべて私どもが出資したもので、まだ合弁会社の経営はないのです。

A：そうですか。合弁であれば、我が社は工場やそのほかの建物、用地使用権などを出資し、貴社は機械設備、特許などを含めた製造技術を提供していただきたい。

B：なるほど、それでは私どもは50％出資して、社長を出したいのですが。

A：社長とは、合弁企業の総経理のことだと思いますが、総経理は取締役会が招へいしたほうがいいでしょう。合弁企業は国営企業よりもずっと自由な経営が認められており、経営の重要事項や生産販売計画などは理事会が決定します。総経理はこの取締役会の決定事項を実施することになります。

2
1. 董事会是合资公司最高权力机构。
2. 合资企业的合资期限10年怎么样？
3. 我们非常高兴地接受关于建立合资制材工厂的建议。
4. 合资企业能够享受什么样的优惠待遇？
5. 能否简单地介绍一下建立合资企业的手续？
6. 懂事就遵照国际惯例，按出资比例决定。
7. 我方负责提供制材所需要的成套设备和生产技术。
8. 员工是由合资企业公开招聘，经考核择优录用的。
9. 土地使用权既可以转让，也可以作为担保抵押。
10. 合资企业以外销为目的，必须生产最优质产品。

ピンイン

1. Dǒngshìhuì shì hézī gōngsī zuì gāo quánlì jīgòu.
2. Hézī qǐyè de hézī qīxiàn shí nián zěnmeyàng?
3. Wǒmen fēicháng gāoxìng de jiēshòu guānyú jiànlì hézī zhìcái gōngchǎn de jiànyì.
4. Hézī qǐyè nénggòu xiǎngshòu shénmeyàng de yōuhuì dàiyù?
5. Néngfǒu jiǎndān de jièshào yíxià jiànlì hézī qǐyè de shǒuxù?
6. Dǒngshì jiù zūnzhào guójì guànlì, àn chūzī bǐlì juédìng.
7. Wǒfāng fùzé tígōng zhìcái suǒ xūyào de chéngtào shèbèi hé shēngchǎn jìshù.
8. Yuángōng shì yóu hézī qǐyè gōngkāi zhāopìn, jīng kǎohé zéyōu lùyòng de.
9. Tǔdì shǐyòngquán jì kěyǐ zhuǎnràng, yě kěyǐ zuòwéi dānbǎo dǐyā.
10. Hézī qǐyè yǐ wàixiāo wéi mùdì, bìxū shēngchǎn zuì yōuzhì chǎnpǐn.

索 引

A
安静　ānjìng ······························ 31
安排　ānpái ······························· 18
安装　ānzhuāng ·························· 57
按　　àn ······························· 72,164
按照　ànzhào ························· 22,68

B
帮　　bāng ······························ 164
帮助　bāngzhù ························ 40,72
包含　bāohán ··························· 122
包括　bāokuò ··························· 127
边…边… biān…biān… ··············· 108
边境　biānjìng ·························· 190
标签　biānqiān ·························· 90
标记　biāojì ······························ 96
标明　biāomíng ························· 96
玻璃纸 bōlizhǐ ··························· 90
不顾　búgù ······························· 45
不过　búguò ·························· 31,72
不计其数 bújìqíshù ··················· 190
不胜感谢 búshèng gǎnxiè ········ 45,78
百忙之中 bǎimángzhīzhōng ········· 160
百忙中 bǎimángzhōng ················· 78
百闻不如一见 bǎiwénbùrúyíjiàn ··· 174
保证函 bǎozhènghán ················· 164
保质保量 bǎozhì-bǎoliàng ············ 52
本行　běnháng ·························· 194
表　　biǎo ································ 26
表示　biǎoshì ··························· 40
比较　bǐjiào ······························ 52
补税　bǔshuì ····························· 13
补足　bǔzú ····························· 142
拜读　bàidú ···························· 174
拜访　bàifǎng ······················ 31,184
拜托　bàituō ·························· 31,52
办公室 bàngōngshì ····················· 35
办理　bànlǐ ························· 116,168
办事　bànshì ··························· 145

报关　bàoguān ························· 108
报价　bàojià ····························· 63
报价单 bàojiàdān ······················· 72
抱歉　bàoqiàn ····················· 35,174
爆炸　bàozhà ··························· 122
备品备件 bèipǐn-bèijiàn ··············· 68
变成　biànchéng ······················· 57
便于　biànyú ··························· 194
毕竟　bìjìng ···························· 164
避免　bìmiǎn ··························· 142
并且　bìngqiě ···························· 96
必须　bìxū ······························· 57
不得了 bùdéliǎo ························· 86
步伐　bùfá ····························· 190
不敢当 bùgǎndāng ······················ 40
不仅　bùjǐn ······························ 52
不仅仅 bùjǐnjǐn ························· 184
不可　bùkě ······························· 99
不可抗拒力 bùkěkàngjùlì ············· 82
不如　bùrú ······························· 57

C
参观　cānguān ·························· 52
参与　cānyù ······················ 164,184
操作　cāozuò ··························· 57
超　　chāo ······························· 13
超过　chāoguò ························ 190
超声波流量计
　　　chāoshēngbō-liúliàngjì ········ 57
车间　chējiān ··························· 52
吃惊　chījīng ·························· 136
充分　chōngfèn ······················· 168
初次　chūcì ······························ 18
出具　chūjù ······················ 127,164
出示　chūshì ····························· 13
出口　chūkǒu ··························· 52
出入　chūrù ······························ 82
春天　chūntiān ························· 40
CIF ··· 63

232

粗	cū	194
残损	cánsǔn	142
层出不穷	céngchūbùqióng	190
查	chá	22
查明	chámíng	116
长度	chángdù	96
茶叶	cháyè	63
成本	chéngběn	57,90
成交	chéngjiāo	122,174
承蒙	chéngméng	35,160
成品	chéngpǐn	179
愁	chóu	90
船务部	chuánwùbì	108
传真	chuánzhēn	63,154
除非	chúfēi	145
从未	cóngwèi	127
采矿	cǎikuàng	184
产地	chǎndì	82
厂家	chǎngjiā	86
厂长	chǎngzhǎng	52
产品	chǎnpǐn	52
尺寸	chǐcùn	96
尺码	chǐmǎ	90
差	chà	90
差不多	chàbuduō	190
畅销	chàngxiāo	200
畅饮	chàngyǐn	45
衬衫	chènshān	63,90
撤消	chèxiāo	99
创汇	chuànghuì	184
错	cuò	22
措施	cuòshī	184

D

单价	dānjià	82
单人房间	dānrénfángjiān	26
耽误	dānwu	86
担心	dānxīn	174
登记表	dēngjìbiǎo	22
登门拜访	dēngmén-bàifǎng	160
多半	duōbàn	52
多多	duōduō	63
多余	duōyú	82
打	dá	72
得到	dédào	40
德国	Déguó	52
的确	díquè	57
独家	dújiā	154
打官司	dǎ guānsī	136
打搅	dǎjiǎo	78
打入	dǎrù	200
打算	dǎsuan	26
等	děng	13,35
等候	děnghòu	63
点头	diǎntóu	136
董事会	dǒngshìhuì	200
短量	duǎnliàng	136
短缺	duǎnquē	142
短重	duǎnzhòng	136
大幅度	dàfúdù	57
大概	dàgài	164
待	dài	72
但愿	dànyuàn	108
到岸价	dào'ànjià	122
倒置	dàozhì	96
大批	dàpī	174
大约	dàyuē	26
大致	dàzhì	63
电池	diànchí	57
电汇	diànhuì	99
垫肩	diànjiān	174
电脑	diànnǎo	13
电视	diànshì	154
地点	dìdiǎn	145
订	dìng	154
订单	dìngdān	72
订购	dìnggòu	63
订货	dìnghuò	72
订货单	dìnghuòdān	174
订货量	dìnghuòliàng	154
订金	dìngjīn	99
定牌加工	dìngpái jiāgōng	174
第一	dìyī	145
地址	dìzhǐ	82

233

对不起	duìbuqǐ	18
对方	duìfāng	127
兑换比率	duìhuàn bǐlǜ	104
对口	duìkǒu	164

E

| 而且 | érqiě | 52,160 |
| 二手设备 | èrshǒushèbèi | 194 |

F

发货	fāhuò	127
发货期	fāhuòqī	63
方便	fāngbiàn	31
发运	fāyùn	179
分别	fēnbié	40
分开	fēnkāi	68
FOB		68
烦	fán	116
防潮	fángcháo	96
房间	fángjiān	22
防锈	fángxiù	96
防震	fángzhèn	96
缝制	féngzhì	174
符	fú	142
否则	fǒuzé	122
饭店	fàndiàn	31
范围	fànwéi	63
费时	fèishí	136
附	fù	90
附件	fùjiàn	68,82
付款	fùkuǎn	99
复验	fùyàn	127

G

该	gāi	82
干杯	gānbēi	40
刚才	gāngcái	52
纲要	gāngyào	184
干净	gānjìng	57
干青鱼子	gānqīngyúzǐ	45
高档	gāodàng	174
高见	gāojiàn	108,145

高兴	gāoxìng	13
高涨	gāozhǎng	184
根据	gēnjù	68
搁浅	gēqiǎn	122
供	gōng	90
供不应求	gōngbúyìngqiú	63
公差	gōngchāi	136
恭候大驾光临		
	gōnghòudàjiàguānglín	194
公道	gōngdào	52
供货	gōnghuò	63,154
公斤	gōngjīn	63
公平	gōngpíng	99
工人	gōngrén	52
工时	gōngshí	174
公司	gōngsī	13
工艺书	gōngyìshū	174
光顾	guānggù	116
光临	guānglín	22
关键	guānjiàn	57,72
关心	guānxīn	108
关于	guānyú	63,72
关照	guānzhào	18,86
估计	gūjì	108,194
改变	gǎibiàn	154
搞	gǎo	57,164,194
告辞	gàocí	78
告诉	gàosu	31
更加	gèngjiā	82
共	gòng	18,108
购	gòu	68
够	gòu	154
挂	guà	116
固定	gùdìng	194
贵	guì	52
贵方	guìfāng	112
鼓励	gǔlì	184
过程控制计算机		
	guòchéngkòngzhìjìsuànjī	78
过目	guòmù	31,86

234

H

喝	hē	40
欢度	huāndù	45
还是	háishi	26,52,63,86
航班	hángbān	108,154
航次	hángcì	108
行业	hángyè	164
合适	héshì	57,160
合算	hésuàn	57
合同	hétóng	72
合同书	hétóngshū	82
合资	hézī	150
合资企业	hézīqǐyè	190
合作	hézuò	40,164
合作经营企业	hézuòjīngyíngqǐyè	190
还盘	huánpán	174
核对	húduì	82
回报	huíbào	160
好	hǎo	160
好吃	hǎochī	45
伙伴	huǒbàn	108
号码	hàomǎ	22
候	hòu	26,72
沪	Hù	31
化肥厂	huàféichǎng	164
化工	huàgōng	164
换	huàn	22
互惠互利	hùhuì-hùlì	164
会	huì	40,179
汇率	huìlǜ	99
汇票	huìpiào	104
货币	huòbì	99
获得	huòdé	160
护照	hùzhào	13

J

加	jiā	90
将	jiāng	26,68,112
坚固	jiāngù	96
交付	jiāofù	145
交货	jiāohuò	52,68
交货期	jiāohuòqī	174
交贸	jiāomào	72
交纳	jiāonà	168
交易	jiāoyì	104
加上	jiāshàng	82
加以	jiāyǐ	72
加之	jiāzhī	174
机场	jīchǎng	63
接	jiē	63,127
接近	jiējìn	112
接受	jiēshòu	52
接踵而来	jiēzhǒng'érlái	184
机构	jīgòu	150
几乎	jīhū	150
机会	jīhuì	40
经常	jīngcháng	35,174
经得住	jīngdezhù	96
经理	jīnglǐ	35
精美	jīngměi	90
惊人	jīngrén	200
今后	jīnhòu	40
机器	jīqì	52
纠纷	jiūfēn	142,174
究竟	jiūjìng	190
积压	jīyā	108
均	jūn	160
急	jí	108
结束	jiéshù	104
结算	jiésuàn	99
即期	jíqī	99
极其	jíqí	164
急事	jíshì	35
集装箱	jízhuāngxiāng	96
讲	jiǎng	45
讲定	jiǎngdìng	194
讲话	jiǎnghuà	40
检验	jiǎnyàn	132
检验员	jiǎnyànyuán	132
缴纳	jiǎonà	164
尽管	jǐnguǎn	154,179
尽快	jǐnkuài	72,108
尽量	jǐnliàng	63
谨慎	jǐnshèn	82

久违久违	jiǔwéijiǔwéi	132
举行	jǔxíng	45
价格	jiàgé	52
降低	jiàngdī	57,72
降价	jiàngjià	72
建立	jiànlì	63
见面	jiànmiàn	18
见票即付	jiànpiàojífù	104
建议	jiànyì	154
叫	jiào	18
较	jiào	145
届时	jièshí	68,194
介意	jièyì	179
计价	jìjià	104
进餐	jìncān	108
进口	jìnkǒu	52,90,152
净重	jìngzhòng	96
尽力而为	jìnlì'érwéi	116
尽情	jìnqíng	45
进一步	jìnyíbù	190
就地供应	jiùdìgōngyìng	194
就是了	jiùshìle	179
就要	jiùyào	104
给予	jǐyǔ	142,174
据…所知	jù...suǒzhī	63
据我所知	jùwǒsuǒzhī	164

K

咖啡	kāfēi	63
开	kāi	99
开标	kāibiāo	164
开端	kāiduān	116
开具	kāijù	99
开拓	kāituò	160
开征	kāizhèng	104
刊登	kāndēng	168
勘探	kāntàn	184
宽度	kuāndù	96
亏损	kuīsǔn	174
考察	kǎochá	184
卡通纸箱	kǎtōng zhǐxiāng	90
可	kě	72,154

可否	kěfǒu	116
客户	kèhù	194
可能	kěnéng	68
可怕	kěpà	82
可以	kěyǐ	22
口味	kǒuwèi	45
款待	kuǎndài	40
款式	kuǎnshì	72
看法	kànfǎ	72
看来	kànlai	164
客气	kèqi	31,63
客套	kètào	45
空	kòng	127
控制	kòngzhì	57

L

啰嗦	luōsuo	86
来料加工	láiliào-jiāgōng	52,174
来样加工	láiyàng-jiāgōng	52,174
蓝图	lántú	179
劳驾	láojià	26
联系	liánxì	31,63
零件	língjiàn	57
龙井茶	lóngjǐngchá	63
轮船	lúnchuán	142
轮廓	lúnkuò	96
老板	lǎobǎn	136
老兄	lǎoxiōng	145
锂	lǐ	57
了解	liǎojiě	164
理想	lǐxiǎng	90
旅途	lǔtú	18
乐意	lèyì	116,154
谅解	liàngjiě	86
立即	lìjí	108
另	lìng	90
令	lìng	154
另外	lìngwài	63,145
历年	lìnián	52
落后	luòhòu	184
路上	lùshang	13

M

麻烦	máfan	104
毛衣	máoyī	52
毛重	máozhòng	96
名副其实	míngfùqíshí	184
明后天	mínghòutiān	31
名牌	míngpái	174
名片	míngpiàn	63
名气	míngqì	164
明显	míngxiǎn	190
马虎	mǎfu	82
买方	mǎifāng	90
满意	mǎnyì	52,72,154
马上	mǎshàng	31,78
码头	mǎtou	99
美元	měiyuán	22
免不了	miǎnbuliǎo	150
免赔	miǎnpéi	136
卖方	màifāng	127

N

能否	néngfǒu	174
能干	nénggàn	82
能够	nénggòu	18
能源	néngyuán	194
牛奶	niúnǎi	90
哪里哪里	nǎli-nǎli	78
哪儿的话	nǎrdehuà	78
拟	nǐ	68
女式	nǚshì	52

O

| 偶尔 | ǒu'ěr | 150 |

P

批	pī	90
批准	pīzhǔn	190
牌价	páijià	22
旁边	pángbiān	22
赔偿	péicháng	136
便宜	piányi	52
疲劳	píláo	45

平安险	píng'ānxiǎn	116
品牌	pǐnpái	90
朴素	pǔsù	90
怕	pà	132
派	pài	63
配额	pèi'é	184
碰上	pèngshàng	150
漂亮	piàoliang	40
聘请	pìnqǐng	200
譬如	pìrú	174
破财	pòcái	136
破碎险	pòsuìxiǎn	116

Q

签订	qiāndìng	72
签名	qiānmíng	136
签约	qiānyuē	174
亲笔	qīnbǐ	136
轻	qīng	96
清淡	qīngdàn	45
清单	qīngdān	127
清楚	qīngchu	82
轻松	qīngsōng	127
倾斜	qīngxié	184
区别	qūbié	190
齐	qí	13
其次	qícì	40
其实	qíshí	52
其他	qítā	57
其中	qízhōng	52
全额外资企业	quán'éwàizīqǐyè	190
巧	qiǎo	31
起航	qǐháng	108
请教	qǐngjiào	122
请客	qǐngkè	108
洽谈	qiàtán	127
切	qiè	96
确认	quèrèn	72
确实	quèshí	86

R

| 然后 | ránhòu | 90 |

237

人工费	réngōngfèi	174
人祸	rénhuò	82
人手	rénshǒu	57
人员	rényuán	52
如	rú	160
如此	rúcǐ	45
如果……(的话)	rúguǒ……(dehuà)	150
让	ràng	31,82
热点	rèdiǎn	184
任何	rènhé	13
认可	rènkě	160
认识	rènshi	13,63
认为	rènwéi	86
日币	rìbì	22
日程	rìchéng	31
日程表	rìchéngbiǎo	31
日方	Rìfāng	40
瑞士	Ruìshì	127

S

三资企业	sānzīqǐyè	190
衫厂	shānchǎng	52
商标	shāngbiāo	174
伤感情	shāng gǎnqíng	136
商场	shāngchǎng	127
商检	shāngjiǎn	127
商检局	shāngjiǎnjú	127
商量	shāngliang	72
稍	shāo	18,26,72
稍稍	shāoshāo	90
申报	shēnbào	13
申报单	shēnbàodān	13
生意	shēngyi	108,174
声音	shēngyīn	72
声誉	shēngyù	127
生鱼片	shēngyúpiàn	45
收到	shōudào	72
双人房	shuāngrénfáng	22
双人房间	shuāngrénfángjiān	26
舒服	shūfu	18
说实话	shuō shíhuà	86

书写	shūxiě	82
丝绸	sīchóu	63,154
实验	shíyàn	57
实在	shízài	18,184
随时	suíshí	78
俗语	súyǔ	45
赏光	shǎngguāng	40,127
少	shǎo	150
审理	shěnlǐ	145
使	shǐ	40
首次	shǒucì	174
首先	shǒuxiān	40
属	shǔ	160
水平	shuǐpíng	90
水渍险	shuǐzìxiǎn	116
属于	shǔyú	122
索赔	suǒpéi	82,136
所以	suǒyǐ	31
所有	suǒyǒu	99
上次	shàngcì	142
上乘	shàngchéng	160
上司	shàngsī	72
上涨	shàngzhǎng	174
绍兴酒	shàoxīngjiǔ	40
设备	shèbèi	52
设厂	shèchǎng	194
设计	shèjì	90,160
盛开	shèngkāi	40
盛情	shèngqíng	40
慎重	shènzhòng	35
设有	shèyǒu	63
适当	shìdàng	72
是否	shìfǒu	45,72,154
适合	shìhé	96
事儿	shìr	31
式样	shìyàng	52
事宜	shìyí	168
受欢迎	shòu huānyíng	63
睡	shuì	31
顺便	shùnbiàn	154
顺利	shùnlì	40,127

238

T

添麻烦	tiān máfan	18
天然气	tiānránqì	184
天灾	tiānzāi	82
听说	tīngshuō	86
通过	tōngguò	57
推销	tuīxiāo	154
吞吐量	tūntǔliàng	108
托福	tuōfú	200
谈	tán	31
糖	táng	90
谈判	tánpàn	127
谈妥	tántuǒ	86,108
提	tí	52
填	tián	22
填写	tiánxiě	26
条款	tiáokuǎn	82,142
提单	tídān	136
提货单	tíhuòdān	108
提价	tíjià	174
提价率	tíjiàlǜ	174
提交	tíjiāo	168
提前	tíqián	154
提问	tíwèn	68
投保	tóubǎo	116
投保单	tóubǎodān	116
投标	tóubiāo	164
投标人	tóubiāorén	164
投标书	tóubiāoshū	168
投标者	tóubiāozhě	164
坦率	tǎnshuài	174
讨论	tǎolùn	154
探矿	tànkuàng	184
特长	tècháng	200
特快	tèkuài	108
替	tì	122
退还	tuìhuán	184
退回	tuìhuí	164
退货	tuìhuò	127

W

乌龙茶	wūlóngchá	63
完整	wánzhěng	82
违禁品	wéijìnpǐn	13
为首	wéishǒu	45
为止	wéizhǐ	99
文件	wénjiàn	108
闻名	wénmíng	108
无偿	wúcháng	142
无论	wúlùn	160
晚餐	wǎncān	127
瓦楞纸箱	wǎléng zhǐxiāng	96
往返	wǎngfǎn	57
往来	wǎnglái	82,99
委派	wěipài	200
委托	wěituō	52
稳定	wěndìng	104
我方	wǒfāng	112
外边	wàibian	13
外方	wàifāng	194
外贸局	wàimàojú	40
外面	wàimiàn	35
外商	wàishāng	194
外资委	wàizīwěi	31
万不得已	wànbùdéyǐ	145
为	wèi	40
为了…（起见）	wèile…(qǐjiàn)	35
勿	wù	96
务必	wùbì	86
误货期	wù huòqī	132

X

相当于	xiāngdāng yú	57
相反	xiāngfǎn	145
相求	xiāngqiú	132
相同	xiāngtóng	63
相信	xiāngxìn	174
香烟	xiāngyān	13
相应	xiāngyìng	200
销路	xiāolù	90,160
销售	xiāoshòu	90,154
销售不出	xiāoshòubuchū	90
销售额	xiāoshòu'é	154
消息	xiāoxi	78

239

辛苦	xīnkǔ	13
新颖	xīnyǐng	52
新颖式	xīnyǐngshì	52
心脏	xīnzàng	57
修改	xiūgǎi	90
休息	xiūxi	31
吸引	xīyǐn	184
宣布	xuānbù	184
协商	xiéshāng	136,145
协助	xiézhù	108
行李	xíngli	13
学到	xuédào	57
险别	xiǎnbié	116
享有	xiǎngyǒu	127
小姐	xiǎojiě	13
小心	xiǎoxīn	96
写明	xiěmíng	136
喜欢	xǐhuan	40
下个月	xiàgeyuè	164
线	xiàn	174
像	xiàng	63
项目	xiàngmù	164,190
线路板	xiànlùbǎn	57
效果	xiàoguǒ	52
下周	xiàzhōu	154
卸货	xièhuò	136
卸货港	xièhuògǎng	112
细节	xìjié	122
兴趣	xìngqù	127
信息	xìnxī	160
信心	xìnxīn	164

Y

押标金	yābiāojīn	168
邀请	yāoqǐng	40
要求	yāoqiú	63
依靠	yīkào	150
因此	yīncǐ	86
应当	yīngdāng	145
拥有	yōngyǒu	184
优惠	yōuhuì	154
优惠价	yōuhuìjià	72,174

延迟	yánchí	86
严格	yángé	174
研究	yánjiū	78,168
一定	yídìng	40
一共	yígòng	52
遗漏	yílòu	82
迎接	yíngjiē	18
营业部	yíngyèbù	35
一式两份	yíshìliǎngfèn	82
一下	yíxià	72
尤其	yóuqí	200
由于	yóuyú	86
愉快	yúkuài	40
余款	yúkuǎn	99
冶炼	yěliàn	184
已经	yǐjing	82
永远	yǒngyuǎn	82
有备无患	yǒubèiwúhuàn	145
有道理	yǒu dàolǐ	116
有关	yǒuguān	68
有色金属	yǒusèjīnshǔ	184
有时	yǒushí	82
有效期	yǒuxiàoqī	72
友谊	yǒuyì	45
有意	yǒuyì	72,127
有益	yǒuyì	179
有用	yǒuyòng	86
与	yǔ	63
远销	yuǎnxiāo	127
允许	yǔnxǔ	82
样品	yàngpǐn	63,174
样品室	yàngpǐnshì	52
钥匙	yàoshi	22
业务	yèwù	63
业务员	yèwùyuán	116
一般	yìbān	145
意见	yìjian	90
一举	yìjǔ	164
一流	yìliú	174
印	yìn	96
应标	yìngbiāo	168
一批	yìpī	112

一起	yìqǐ	40
易碎品	yìsuìpǐn	122
一些	yìxiē	72
一言为定	yìyánwéidìng	40,194
一直	yìzhí	164
一周	yìzhōu	164
用	yòng	45
用户	yònghù	127
预订	yùdìng	22
月份	yuèfèn	52
越来越	yuèláiyuè	82
与其…莫不如	yǔqí…mòbùrú	57
预祝	yùzhù	40,82

Z

招标	zhāobiāo	164
招待	zhāodài	45
支付	zhīfù	90
中饭	zhōngfàn	108
中方	Zhōngfāng	40
中间体	zhōngjiāntǐ	127
衷心	zhōngxīn	18,40,174
周	zhōu	31
专程	zhuānchéng	18,45,160
装船	zhuāngchuán	99
装入	zhuāngrù	90
装运	zhuāngyùn	108
装运港	zhuāngyùngǎng	112
专家	zhuānjiā	127
专利	zhuānlì	200
专门	zhuānmén	52
诸位	zhūwèi	40
综合性	zōnghéxìng	150
租保险柜	zūbǎoxiǎnguì	22
遵命	zūnmìng	35
租用	zūyòng	108
轧机	zhájī	68
着火	zháohuǒ	122
执	zhí	82
执行	zhíxíng	86
逐个	zhúgè	96
足够	zúgòu	86

昨晚	zuówǎn	31
早日	zǎorì	40
怎么样	zěnmeyàng	31
找	zhǎo	31,72
展示	zhǎnshì	52
指	zhǐ	90
指导	zhǐdǎo	40
纸盒	zhǐhé	90
只是	zhǐshì	108
只要	zhǐyào	116
转告	zhuǎngào	96
主机	zhǔjī	68
准	zhǔn	99
准备	zhǔnbèi	112
准确	zhǔnquè	136
准时	zhǔnshí	52,90
主要	zhǔyào	63
仔细	zǐxì	82
总得	zǒngděi	136
总的来说	zǒngde láishuō	52
总店	zǒngdiàn	104
总服务台	zǒngfúwùtái	22
总计	zǒngjì	116
总经理	zǒngjīnglǐ	200
总是	zǒngshì	18
总之	zǒngzhī	142
再次	zàicì	90
照顾	zhàogù	35
照相机	zhàoxiàngjī	13
正题	zhèngtí	86
正在	zhèngzài	160
致力	zhìlì	184
质量	zhìliàng	52,72
中标	zhòngbiāo	164
中标者	zhòngbiāozhě	168
仲裁庭	zhòngcáitíng	145
撰写	zhuànxiě	82
注释	zhùshì	86
住址	zhùzhǐ	26
字样	zìyàng	96
自用	zìyòng	13
最好	zuìhǎo	63,164

241

| 做到 zuòdào | 90 | 做主 zuòzhǔ | 136 |
| 作为 zuòwéi | 82 | | |

著者略歴

大内田三郎（おおうちだ・さぶろう）
大阪市立大学名誉教授　文学博士
北京外国語大学客員教授
1934年鹿児島県生まれ
大阪市立大学大学院博士課程修了
中国語学・中国文学専攻

著書
「中国語の基礎」（共著．光生館）
「新中国語入門」（共著．駿河台出版社）
「中国児童読物選」（白帝社）
「中国童話読物選」（駿河台出版社）
「基本表現中国語作文」（駿河台出版社）
「現代中国語」（共著．駿河台出版社）
「困った時の中国語」（共著．駿河台出版社）
「中級読物・中国歴史物語〈新訂版〉」（駿河台出版社）
「チィエンタン中国語20課」（駿河台出版社）
「基礎からよくわかる中国語文法参考書」（駿河台出版社）
「基本文型150で覚える中国語」（駿河台出版社）
「初歩から始める中国語」（駿河台出版社）
「日常会話で学ぶ中国語」（駿河台出版社）
「聞く、話す、読む　基礎から着実に身につく中国語」
（駿河台出版社）
「初級から中級へ　話せて使える中国語」（駿河台出版社）

実用ビジネス中国語会話

初版発行　2005.7.15

発行者　井　田　洋　二

発行所　株式会社　駿河台出版社
〒101-0062　東京都千代田区神田駿河台3丁目7番地
電話　東京03(3291)1676(代)番
振替　00190-3-56669番　FAX 03(3291)1675番
E-mail：edit@e-surugadai.com
URL：http://www.e-surugadai.com

電算写植　㈱フォレスト
ISBN4-411-03014-4　C1087　¥2300E